Anders Hallgren

Lehrbuch der Hundesprache

Lehrbuch der Hundesprache

Von Anders Hallgren

Verlagshaus Reutlingen · Oertel + Spörer

Übersetzung von Christiane Müller, Radolfzell

Abbildungsnachweis

Umschlagbild: Bildagentur Mauritius, Mittenwald. Hubatka
Zeichnungen: Marianne Gustafsson
Fotos:
Ingemar Berling, Pressefoto: Seite 40.
Urban Domej: Seite 18.
Marianne Gustafsson: Seite 7, 20, 24, 28, 33, 39 oben, 44, 47, 51, 55, 56, 58, 59,
    61, 83 unten, 96.
Anders Hallgren: Seite 64.
Charles Hammarsten: Seite 32.
Marie Hansson: Seite 5, 25, 49, 54, 122, 125, 127, 134, 139.
Anders Jahrner: Seite 153.
Eivor Rasehorn: Seite 2, 8, 15, 19, 29, 38, 39 unten, 60, 63, 65, 82, 83 oben, 92, 97,
    101.
Walt Disney Productions: Seite 131.
Vargruppen: Seite 52.
Okänd fotograf: Seite 17, 46.

Titel der Originalausgabe: Lexikon i hundspråk

© Verlagshaus Reutlingen · Oertel + Spörer · 1992
Burgstraße 1–7, 7410 Reutlingen
Alle Rechte vorbehalten
Schrift: 12/14 p Garamond
Satz und Druck: Oertel + Spörer, Reutlingen
Einband: Heinrich Koch, Tübingen
Printed in Germany
ISBN 3-88627-110-2

Vorwort

In der Schule lernen wir Englisch, Deutsch und Französisch. Wir bemühen uns, Ausländer zu verstehen und uns ihnen gegenüber verständlich zu machen. Viele lernen Fremdsprachen in Abendkursen und in Fernlehrgängen. Wir sind an der Kommunikation mit anderen interessiert.

Aber es gibt eine Sprache, in der wir nicht besonders gewandt sind: die Hundesprache. Obwohl wir seit etwa zehntausend Jahren mit Hunden zusammenleben, verstehen wir nur ganz wenig von dem, was sie uns mitteilen wollen. Wir mißverstehen viele wichtige Informationen selbst unseres eigenen Hundes. Versuchen wir selbst, in der Hundesprache zu reden, sind wir sehr unbeholfen. Wir machen unseren Hunden häufig falsche Mitteilungen. Viele Hunde haben Angst vor fremden Personen, nur weil diese ihnen falsche Informationen vermitteln.

Seit Tausenden von Jahren also leben Mensch und Hund zusammen. Die Freude, die wir aneinander haben, können wir gar nicht messen. Doch leider kommt es immer wieder zu Mißverständnissen. Das „Lehrbuch der Hundesprache" will Ihnen ein Führer zum besseren Verstehen Ihres Hundes und der alltäglichen Verständigung mit ihm sein. Es wird Ihnen auch im Umgang mit anderen Hunden hilfreich sein, die Ihnen im Laufe Ihres Lebens noch begegnen werden.

Anders Hallgren

Inhalt

Kapitel 1: Ein Hund hat uns so viel zu sagen

Hunde haben eine gut entwickelte und reiche Sprache. Sie haben dadurch vielfältige Möglichkeiten, untereinander Botschaften auszutauschen. Sie erzählen sich wesentlich mehr, als man bislang glaubte. Ein Hund kann mit Leichtigkeit einen anderen Hund zu einer Beißerei herausfordern oder dafür sorgen, daß keine Beißerei entsteht. Er kann einem anderen Hund erklären, daß er an einer Kontaktaufnahme interessiert ist oder daß dieser lieber Abstand halten soll. Er kann einem anderen Hund auch zeigen, daß er etwas sehr Interessantes gefunden hat.

Die gleiche Sprache, die die Hunde untereinander gebrauchen, verwenden sie auch gegenüber dem Menschen. Es ist der wedelnde Schwanz, das Bellen, das Knurren und anderes mehr. Während unsere Hunde aber instinktiv ihre eigene, angeborene Sprache sowohl sprechen als auch verstehen können, müssen wir Menschen sie Schritt für Schritt erlernen.

Wir kommunizieren mit Worten . . .

Unsere Sprache besteht vor allem aus Worten. Sie sind eine Art von Symbolen. Das macht den Gebrauch etwas kompliziert, da die Symbole und ihre Anordnungen unterschiedliche Bedeutungen bei verschiedenen Personen haben können. Als

Hunde reden meistens durch Körpersignale miteinander.

Beispiel sei das Wort „nervös" herausgegriffen. Für viele bedeutet dies „ängstlich", für andere „unruhig". Manche deuten es als „schreckhaft", andere als ein Zeichen der psychischen Schwäche.

Außerdem muß die Reihenfolge gelernt werden. Wir Menschen lernen die Bedeutung von vielen Worten. Dagegen kann ein Hund nur von ganz wenigen die Bedeutung lernen. Es können gravierende Fehldeutungen entstehen, wenn wir glauben, daß ein Hund die Bedeutung verschiedener Worte, wie sie tatsächlich ist, verstünde. Hunde hören mehr auf den Tonfall in unserer Stimme als auf die Reihenfolge der Wörter.

2

Selbst Worte, die vollkommen gleichlautend sind, kann ein Hund jedoch unterscheiden, wenn sie in unterschiedlichem Tonfall gesprochen werden. Mit unserer Umgangssprache können ja auch wir einander täuschen und Dinge sagen, die nicht wahr sind. Die Worte selbst lassen ja nicht erkennen, ob sie die Wahrheit oder die Lüge vertreten. Aber wenn man den Redner sehr genau beobachtet, kann man an seiner Körpersprache normalerweise erkennen, ob das, was man hört, wahr ist oder nicht.

Die Sprache der Worte ist auch arm an Symbolen für Gefühle. Es gibt nur wenige und ausdrucksschwache Wörter, die unsere Gefühle vermitteln sollen. Was drücken eigentlich Worte wie Glück, Ärger, Zorn oder Angst aus, verglichen mit all diesen Grimassen und Gebärden, die wir verwenden, um unsere Stimmung mitzuteilen?

... und die Hunde mit Körpersignalen

Die Hunde gebrauchen eine sehr direkte Sprache, die keine Symbole kennt. Sie drücken genau – ohne Umschreibung – ihre Gefühle und ihren Willen aus. Hierzu werden die Stimme, die Körperstellung, die Mimik, die Bewegung, der Geruch und die Berührung verwendet. Kein Signal hat mehr als eine Bedeutung, und sie können nicht betrügen. Das können sie einfach nicht, sie sind immer ehrlich.

Die Hundesprache ist eine „Sprache der Gefühle". Mit den Körpersignalen, dem Laut und allen anderen Ausdrucksweisen drückt der Hund seine augenblicklichen Gefühle aus. Unsere Sprache, mit diesen vielen Worten und den geringen Empfindungen, versteht er anders. Deshalb bekommen wir leicht Probleme, wenn wir versuchen zu entscheiden, was ein Hund meint. Das entspricht in etwa dem Versuch, eine

Sprache aus einer anderen Welt zu verstehen. Deshalb müssen wir diese „fremde Sprache" studieren und ihre Grammatik und ihre Bedeutung lernen, sonst werden Mißverständnisse und Probleme unvermeidlich bleiben.

Die Sprache der Wölfe – optimal für ihre Gattung

Dank ihrer Sprache können die Angehörigen der Hundefamilie – so zum Beispiel die Wölfe – in Familien und Meuten leben und einander nützlich sein. Eine Meute ist ja keine Versammlung von Tieren, die untereinander keinen Kontakt haben, im Gegenteil. Deren Überleben ist ja gerade davon abhängig, daß sie miteinander kommunizieren – beispielsweise bei der Jagd. Sie können einander eine ganze Menge von einem Beutetier oder voneinander erzählen und damit die Erfolgschance vergrößern. Ein Blick kann bedeuten, d a ß ein Beutetier in der Nähe ist. Eine steife und ganz aufmerksame Körperhaltung, die sich auf eine bestimmte Stelle richtet, kann zeigen, w o eine Beute ist.

Ein Signal mit dem Schwanz kann bedeuten, daß im nächsten Augenblick ein Angriff bevorsteht. Wenn ein Beutetier zu großen Widerstand leistet, kann ein spezieller Blick bedeuten, daß der Angriff abgebrochen werden soll.

Wenn sie zusammen sind, können sie sich ihre Ergebenheit zeigen oder sich ihre Feindschaft gegeneinander deutlich demonstrieren. Mit ihren Signalen können sie einander auffordern, näher zu kommen oder Abstand zu halten.

Der Wolf ist so gebaut, daß er mit anderen kommunizieren kann.

Reden – nicht Beißen

Hunde haben unerhört kräftige Kiefer, lange scharfe Zähne und mehrere hundert Kilo Druck auf jeder Zahnspitze. Dank ihrer „Sprache" brauchen sie jedoch nicht „zu den Waffen zu greifen", wenn sie sich nicht einig sind. Stattdessen können sie imponieren, drohen oder einschüchtern. Dadurch wird niemandem geschadet.

Die Effektivität einer Meute bleibt so unbeeinflußt. Ein verletzter Wolf wäre für seine Meute ein Klotz am Bein. An der Jagd könnte er nicht mehr teilnehmen und das Tempo bei der Wanderung der Meute nicht mithalten. Er beansprucht besondere Betreuung, Nahrung und Schutz. Das muß vermieden werden. Am besten sind alle gesund.

Die Körpersprache des Menschen

Auch wir Menschen haben eine Körpersprache, die ganz sicher ärmer ist, als die der Hunde. Aber auch wir vermitteln einen Teil unserer Botschaften durch Mimik, Körperhaltung, Bewegung und Berührung. Wir sind uns jedoch nicht richtig bewußt, was wir mit unserer „stillen Sprache" mitteilen. Außerdem enthalten unsere Körpersignale Bestandteile, die sich von denen der Hunde unterscheiden: Wenn wir froh sind, entblößen wir unsere Zähne im Oberkiefer – wir lachen. Das gleiche Signal bedeutet beim Hund jedoch drohen.

Betrachten Sie die untenstehenden Bilder. In diesem Gesicht können Sie alle Einzelheiten ablesen und erkennen, wieviel Informationen durch das Mienenspiel eigentlich vermittelt werden.

Das Lesen von Körpersignalen

Nicht genug, daß Hunde Sachverständige im Sprechen mit der Körpersprache sind, mit der sie ausdrücken, was sie wollen, sie sind auch phantastisch beim Lesen der Signale der anderen Hunde, ohne diese mißzuverstehen.

In unseren Augen erscheint ein Hund drohend und gefährlich, wenn er den Schwanz steil in die Luft streckt, das Fell des ganzen Rückens sträubt und mit steifen Bewegungen alle Zähne, bei hochgezogenen Lippen, entblößt. Bei einem solchen Anblick sind wir vor Schreck wie gelähmt und denken an nichts anderes, als es zu vermeiden, in die Nähe der Kiefer dieses Untieres zu gelangen.

Ein anderer Hund hingegen wird sich hierum kaum kümmern. Er wird sofort sehen, daß der andere mehr Angst hat, als aggressiv ist: Wenn er in Frieden gelassen würde, könnte

6

Durch das Mienenspiel
können die unterschied-
lichsten Informationen
vermittelt werden.

er seine übertriebene Drohung aufgeben, und sich bald beruhigen. Die meisten der Signale, die er zeigt, sind ein Ausdruck
für Angst.

Viele Signale, die ein Hund zeigt, sind in ihren Nuancen
äußerst klein und fein, zum Beispiel das Signal, das eine
Beißerei auslöst. Es ist selten, daß ein Mensch es bemerkt,
aber er könnte es sehen.

7

Ein Mensch würde hier sagen, dies sei Aggression. Ein Hund sieht jedoch sofort, daß der „Angreifer" Angst hat.

In meinen Kursen mit Problemhunden habe ich oft Anlaß, zwei Hundebesitzer zu bitten, auf ihre Hunde aufzupassen. Es vergehen 2–3 Sekunden, bevor sie übereinander herfallen. Leider ist die Reaktionsgeschwindigkeit bei den Hunden – eben in diesem Augenblick – aufgrund übertriebener Verwöhnung reduziert. Das Ergebnis ist, daß die Hunde vor lauter Wut aufeinander förmlich explodieren – und nur die kurze Leine den Zusammenprall in der letzten Sekunde verhindern kann.

Die Begrüßung eines unbekannten Hundes in Form einer Drohung: Die Hand von oben, starker Augenkontakt, entblößte Zähne.

Eine freundliche Begrüßung: Hände von unten, kein direkter Augenkontakt und keine entblößten Zähne.

Hunde „lesen" die Menschen

Genau so, wie Hunde untereinander ihre Körpersignale ablesen, studieren sie auch die Menschen. Ganz genau wird die Körpersprache einer Person abgelesen. Die Art der Bewegung, die Körperhaltung und die Mimik des Gesichtes sind für den Hund sehr informativ. Oft weiß ein Hund über die Absicht einer Person mehr, als diese selbst.

Hunde, die nur gute Erfahrungen mit Menschen gemacht haben, kümmern sich nicht um menschliche Signale. Aber Hunde, die den Menschen häufig als Bedrohung erleben, lesen sehr sorgfältig die Signale der jeweiligen Person. Sie studieren jeden Menschen, der sich ihnen nähert. Und dies geht dann oft schief. Wir Menschen ahnen nicht, wie wir in den Augen des Hundes aussehen. Wenn wir einen Hund freundlich ansehen wollen, bedrohen wir ihn nach seinem Empfinden (entblößte Zähne).

Prüfen Sie Ihre eigene Körpersprache

Ihr eigener Hund übersetzt Ihre eigenen Körpersignale in weit höherem Grad, als Sie ahnen. Viele glauben, daß der Gehorsam von Hunden daraus resultiert, daß diese die Bedeutung gewisser Worte gelernt haben, zum Beispiel „Sitz", „Platz" und dergleichen. Aber die Worte sind nur ein Detail. In der Regel ist die Reaktion des Hundes von der Körpersprache und der Mimik des Besitzers weit abhängiger als vom eingelernten Kommandowort. Sie können dies mit folgendem Versuch selbst einmal ausprobieren:

Stellen Sie sich mit dem Rücken so zu Ihrem Hund, daß er sich gleich hinter Ihnen befindet, aber ohne daß er Ihr Gesicht sehen kann. Sagen Sie dann zum Beispiel „Sitz" und danach „Platz". Nun drehen Sie sich ruhig um, um die Reaktion des Hundes auf diese Worte zu sehen. Diese wird wahrscheinlich sehr zaghaft sein – oder ist ganz ausgeblieben. Der Hund konnte das Körpersignal, das er gewohnheitsmäßig gleichzeitig mit dem Kommandowort erhält, nicht erkennen.

Der Hund ist davon abhängig, daß er Ihr Gesicht, Ihre Armbewegung und Ihre Körperstellung sieht und gleichzeitig das Kommandowort hört. Wenn er Sie hören aber nicht sehen kann, ist das so, als wenn er eine ungenügende Information empfangen würde. Wenn er trotzdem gehorcht, selbst wenn Sie ihm den Rücken zudrehen, dann haben Sie wirklich gut trainiert.

Sie können dann eine etwas schwierigere Variante ausprobieren: Legen Sie sich nieder und geben Sie die Befehle für Setzen und Legen – ohne daß Sie ihn dabei ansehen.

Seien Sie vorsichtig beim Herbeirufen

Wenn Sie Ihren Hund rufen, dann versuchen Sie einmal, sich selbst mit den Augen Ihres Hundes zu sehen. Stehen Sie aufgerichtet, mit einem strengen Blick und den Händen in die Hüften gestützt, oder zeigen Sie auf den Boden vor sich? Und wie klingt eigentlich Ihre Stimme? Vielleicht bedeutet Ihr Befehl, daß der Hund herbeikommen soll, aber Ihre ganze Körperhaltung – und die schlecht versteckte Drohung in der Stimme – sagt dem Hund, daß er es nicht tun soll.

Setzen Sie sich nieder. Bitten Sie den Hund auf eine freundliche Art, herbeizukommen. Zeigen Sie sich froh und anlockend. Und natürlich sollen Sie den Hund loben, wenn er auf dem Weg zu Ihnen ist. Das ist ja der wichtigste Teil des Herbeirufens. Es hat nicht den gleichen Effekt, wenn Sie mit dem Loben und dem Streicheln warten, bis der Hund Sie erreicht hat.

Wenn Sie zu einem Hund hingehen

Wie gut ein Hund die Körpersprache abliest und mit kleinen Signalen darauf antwortet, kann man sehen, wenn man sich seinem Hund nähert. Vor allem in Situationen, wo man dem Hund befohlen hat, daß er an einem bestimmten Ort bleiben soll, und selbst weggegangen ist. Besonders wenn man mit der Stimme etwas streng war, wird man auf dem Weg zurück erkennen können, wie er – eine kleine Sekunde – den Blick abwendet. Dies wird noch deutlicher, wenn der Hund liegt.

Eine spannende Sprache

Die Hundesprache zu lernen, ist spannender als das Erlernen einer anderen Sprache. Je mehr Sie verstehen, desto mehr Feinheiten entdecken Sie im Benehmen Ihres Hundes, und auf diese Weise erreichen Sie einen besseren Kontakt und ein weit besseres Zusammenleben mit ihm als früher.

Kapitel 2: Hunde sprechen auf viele Arten

Hunde können sich auf viele verschiedene Arten verständlich machen. Dies geschieht durch Körpersprache, Laut, Duftsignale und Berührung. Oft besteht das Gespräch aus einem Zusammenspiel zwischen mehreren Typen der Kommunikation. Dadurch wird die Bedeutung, die ein Signal hat, besonders deutlich.

Ein Hund kann zum Beispiel knurren und die Zähne zeigen. Eben an der Gesichtsmimik kann man deutlich ablesen, in welcher Laune der Hund ist. Die Hunde sind in ihrer Ausdrucksweise immer deutlich. Es sind nur die Menschen, die es manchmal schwer haben, die verschiedenen Botschaften zu verstehen.

Man unterscheidet zwischen aktiver und passiver Unterwerfung. Auf die gleiche Art unterscheidet man zwischen aktiver und passiver Drohung. Bei der aktiven Form nähert sich der eine Hund dem anderen und richtet eine Handlung gegen diesen, zum Beispiel durch das Lecken der Mundwinkel des anderen oder das Markieren eines Bisses in die Luft. Bei der passiven Form verhält sich der eine Hund ruhig und bewegt sich nicht auf den anderen Hund zu. Oder er legt sich auf den Rücken oder knurrt, ohne vorwärts zu gehen.

Hier folgt nun eine kurzgefaßte Übersicht über die Grundbegriffe der Hundesprache. In den nachfolgenden Kapiteln werden sämtliche Details beschrieben.

Körpersprache und Bewegung

Botschaften, die mit Hilfe von Körpersignalen vermittelt werden, sind bei Hunden die häufigste Form der Kommunikation. Sie bestehen aus der Körperhaltung und dem Mienenspiel. Die Körperhaltung ist viel deutlicher und für einen anderen Hund auch noch in weiterer Entfernung leicht abzulesen. Die Mimik ist nicht so deutlich. Sie besteht aus geringen und feinen Bewegungen des Gesichtes. Aber die Deutlichkeit der Mimik wird durch die Farbzeichnung und die Fellstruktur unterstrichen.

Die Farbzeichnung unterstreicht auch die Körperhaltung. Hellere und dunklere Partien bilden oft ein spezielles Muster, welches die Botschaft verdeutlicht. Ein Schäferhund ist normalerweise gut gezeichnet mit einem dunkleren Rücken und einem helleren Bauch. Der Wangenbereich ist heller und rahmt das Gesicht ein. Dagegen hat ein Labrador keine Zeichnung.

Außerdem gibt es im Körperbau verschiedene Dinge, die bewirken, daß ein Signal deutlicher hervortritt. Schwanz und Bürste sind ein Beispiel dafür. Auch Änderungen der Körpergröße, zum Beispiel, wenn der Hund bei Unterwerfung kriecht, machen eine Botschaft deutlicher.

Die Art, wie ein Hund seinen Kopf hält, ist eine deutliche Botschaft: es ist ein wesentlicher Unterschied, ob ein Hund den Kopf abwärts biegt oder die Schnauze nach oben streckt. Entsprechendes gilt für die Richtung, in die der Hund seinen Kopf dreht: ein Hund, der zeigen will, daß er nicht aggressiv ist, dreht den Kopf oft weg.

Selbst die Art, wie der Hund sein Körpergewicht verlagert, kann ein Signal für die anderen sein. Legt er zum Beispiel das Gewicht nach hinten, bedeutet dies Unsicherheit oder Furcht.

14

In der Mimik gibt es auch verschiedene Einzelheiten, die zusammenspielen. Hier gebraucht der Hund seine Ohren, die Mundwinkel, die Zähne, die Augen, die Augenbrauen, die Farbzeichnung und das Fell. Die Mimik kann alle Gefühle ausdrücken, von Haß bis Liebe, von Kummer bis Freude, von Hunger bis Sättigung, von Angst bis Aggression.

Sie äußern keinen Laut, dennoch wird zwischen diesen beiden Welpen viel ausgetauscht.

Der Laut

Hunde drücken sich mit vielen verschiedenen Lauten aus, deren Bedeutung wir kennen sollten, um zu verstehen, was sie sagen. Die Art und Weise, Laut zu geben, ist angeboren und wird in speziellen Situationen verwendet. Zum Beispiel, wenn Hunde schelten, wenn sie sich freuen oder einen drohenden Hund warnend anknurren.

15

Ein Hund kann auch lernen, in Situationen Laut zu geben, in denen es für ihn eigentlich nicht natürlich ist, seine Lautsprache zu gebrauchen. Zum Beispiel kann ein Hund von sich aus lernen, zu kläffen, um Aufmerksamkeit zu erregen, Futter zu bekommen oder hinaus zu können. Er kann das Bellen auf Kommando lernen und er kann lernen, eine ganze Menge von Lauten anzuwenden, um einen Bissen vom Eßtisch zu erhalten.

Ein Hund hat viele Laute. Er kann heulen wie ein Wolf, in verschiedenen Varianten bellen, auf verschiedene Arten knurren, winseln wie ein Welpe, kläffen aus Ungeduld, schreien vor Schmerz oder Schreck, brüllen aus Zorn, schnauben, um die Aufmerksamkeit auf sich oder anderes zu richten, und beinahe zwitschern vor Wohlbefinden.

Bei Lautäußerungen haben wir Menschen es mit dem Verstehen normalerweise einfach. Doch kommt es auch häufig zu Mißverständnissen. Speziell haben wir Schwierigkeiten bei der Unterscheidung zwischen aggressiven Lauten und Lauten, die Angst signalisieren. Wir glauben zum Beispiel, daß Knurren ein aggressiver Laut sei. Das ist er selten. Auf jeden Fall ist es nicht Aggression in der Bedeutung, die wir hier vermuten. Vielleicht knurrt ein Hund, weil er seinen Freßnapf oder einen Knochen bewacht. Der Besitzer kommt nun ganz nah herbei, und der Hund steht bei all diesen Leckereien mit hochgezogenen Lippen und klingt richtig böse. Dadurch wird sein Herrchen wütend und fällt über den Hund her. Genau dies sollte er jedoch nicht tun, da es, übersetzt in die Hundesprache, falsch ist. Die Bereitschaft des Hundes zum Knurren wird größer, wenn man versucht, ihn dafür zu bestrafen.

Die verschiedenen Laute der Hunde beeinflussen uns außerdem rein gefühlsmäßig. Ein Hund, der kläfft, weckt Mitleid, ein Hund, der schreit, macht uns Angst. Ein Hund,

Eine Aufforderung zum Spiel? Ein Zeichen der Ungeduld? Die Bedeutung des Signals ergibt sich aus der vorgegebenen Situation.

der knurrt, macht uns wütend oder ängstlich. Und wenn wir uns in einem gefühlsmäßig beeinflußten Zustand befinden, haben wir es schwer, die Botschaft des Lautes zu erkennen.

Duftsignale

Es ist leicht zu erkennen, daß der Geruchseindruck bei Hunden eine große Rolle spielt. Hunde leben in einer „Duftwelt". Stellen, wo andere Hunde hingepinkelt haben, zeigen dies zum Beispiel. Die Hunde schnüffeln dort meist intensiv herum und pinkeln darüber. Sie erfahren so die wichtigsten Duftsignale.

Auch der Kot kann als wichtiger Bestandteil des Austausches von Botschaften zwischen Hunden angesehen werden.

17

Der Wolf gibt durch seine Analdrüse einen Duftstoff ab, wenn er sich versäubert. Das hat in der „Riechsprache" sicher seine Bedeutung. Gleiches gilt natürlich auch für Hunde.

Welpen haben einen Geruch, der von dem der erwachsenen Hunde abweicht. Dieser Geruch (der an Mohrrüben erinnert) hilft vermutlich, die Aggression erwachsener Hunde zu dämpfen.

Die Berührung

Das nahe Herankommen und das vielleicht Einanderberühren kann für Hunde sowohl dazu da sein, einen gefühlvollen Kontakt aufzunehmen als auch einen Kampf zu provo-

Im Spiel entsteht intensiver Körperkontakt.

18

Hunde können das Bedürfnis des Menschen nach Berührung stillen.

zieren. Die jeweilige Situation und andere Signale entscheiden, ob es sich hier um eine Drohung, eine Provokation oder um Liebe handelt.

Ein Hund kann mit einem anderen Hund Körperkontakt aufnehmen und gleichzeitig Signale der Unterwerfung zeigen oder deutlich darauf hinweisen, daß er spielen möchte. Dann faßt der andere Hund diesen Kontakt nicht als eine Drohung auf. Aber wenn ein Hund sich steif und drohend nähert oder einen anderen Hund berührt, kann daraus leicht eine Beißerei entstehen.

Wir Menschen verhalten uns tatsächlich auf dieselbe Art. Körperkontakt – speziell mit unbekannten Personen – ist mit einem Tabu belegt. Friseure, Masseure, Ärzte und Zahnärzte sind beispielsweise Ausnahmen. Wir haben mit gewissen Gruppen ein stummes Übereinkommen geschlossen, die uns in Verbindung mit der Ausübung ihres Berufes berühren dürfen. Aber unbekannte Personen dürfen mit uns keinen Körperkontakt suchen. Darauf reagieren wir mit Furcht oder Wut.

Und dennoch schätzen wir zärtliche und liebkosende Berührungen. Mit Hunden und auch mit kleinen Kindern ist es erlaubt, Körperkontakt aufzunehmen. Daher kommt es vielleicht auch, daß Menschen Hunde streicheln und kleine Kinder liebkosen wollen. Oft kann das innere Bedürfnis nach Berührung nur durch Hunde und Kleinkinder befriedigt werden.

Berührung ist wichtig. In einer amerikanischen Untersuchung konnte man feststellen, daß die Erholung nach einem Herzanfall sicherer war und schneller ging, wenn der Kranke einen Hund oder eine Katze hatte. Es ist für uns Menschen wichtig, ein weiches, lebendiges Geschöpf zu haben, mit dem wir uns beschäftigen und das wir hätscheln können.

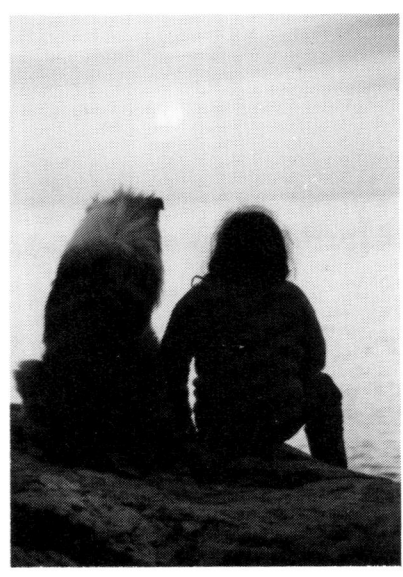

Durch das Zusammenleben mit einem Hund wird der Mensch auf unterschiedlichste Art beeinflußt. Viele Fragen können noch nicht beantwortet werden.

Kapitel 3: Körpersprache

Körperhaltung

Eine deutliche Art der Kommunikation besteht darin, eine Botschaft mit Hilfe der Körperhaltung zu vermitteln. Das bedeutet, daß der Hund, abhängig von der jeweiligen Situation, seine Körperhaltung verändert. Hunde scheinen untereinander keine Probleme beim Verstehen dieser Sprache zu haben. Der größte und deutlichste Bestandteil dieser Ausdrucksweise ist die Veränderung der Größe.

Ein Hund, der selbstsicher, dominant, imponierend oder provozierend ist, macht sich so groß als möglich. Er scheint sowohl höher, als auch breiter zu werden. Die Beine werden zu Stelzen und er bekommt einen aufgeblasenen Rumpf, um ein wenig höher zu erscheinen, als er eigentlich ist.

Seine Haltung bringt seine Selbstsicherheit deutlich zum Ausdruck.

Der Hund, der die Bürste nur über der Schulterpartie aufstellt, zeigt dadurch seine Selbstsicherheit. Das Aufrichten der Bürste über die gesamte Rückenlänge ist ein Zeichen von Angst.

Bürste

Die Farben im Fell tragen dazu bei, Signale zu unterstreichen. Oft sind die Hunde nämlich am Rücken dunkler und am Bauch heller. Wenn ein Hund böse oder ängstlich ist, richtet er seine Bürste auf – das will sagen, daß er die Haare auf seinem Rücken aufrichtet. Normalerweise werden die Rückenhaare zu den Haarspitzen hin dunkler. Wenn die Bürste aufgerichtet ist, treten die dunkleren Haarspitzen auf diese Weise deutlich hervor und verstärken den Eindruck, daß der Hund groß sei. Er sieht sowohl höher als auch größer aus.

Sie haben vielleicht bemerkt, daß es verschiedene Arten gibt, die Bürste aufzurichten. Einmal stellt der Hund die Bürste nur über der Schulterpartie auf, und bei der zweiten

Art stellt der Hund die Bürste über dem ganzen Rücken auf (dann und wann auch über dem Hinterteil). Man sagt, daß im ersten Fall, wo die Bürste nur am Vorderkörper aufgerichtet ist, dies ein Zeichen von Selbstsicherheit sei. Im anderen Fall handelt es sich um einen unsicheren Hund, der Angst hat: Die Bürste richtet sich über der gesamten Rückenlänge auf – als ob sich der Hund sehr anstrengen müßte, um wenigstens ein bißchen imponierend zu wirken. Einfach weil er in seinem Innersten tatsächlich unsicher ist.

Es ist mit großer Wahrscheinlichkeit auch so, daß ein Hund, der nur wenig aufgeregt ist, die Bürste ebenfalls zuerst auf dem Rücken aufstellt. Ein Hund, der sehr aufgeregt ist, stellt seine Bürste über dem ganzen Rücken auf.

Wie kommt es eigentlich, daß das Fell bei Erregung auf dem Rücken aufgestellt wird? Diese Erscheinung tritt ja bei vielen Tieren und auch bei uns Menschen auf. Sie haben sicher schon selbst gespürt, wie sich Ihre Haare am Kopf sträubten, wenn Sie wirklich Angst hatten. Es ist vermutlich das Adrenalin, ein Streßhormon, das dieses auslößt.

Farben

Ich erwähnte vorhin, daß Farbzeichen im Fell eine große Rolle spielen. Die normale Färbung ist meist so, daß der Rücken dunkel ist, und zum Kontrast hierzu ist das Fell an der Unterseite, besonders am Bauch, heller.

Wenn ein Hund Unterwerfung zeigt, legt er sich oft nieder und dreht den Bauch nach oben. Dadurch wird der Hund kleiner, und die hellere Farbe des Bauches wird sichtbar. Vielleicht hat die helle Farbe eine aggressionshemmende Wirkung.

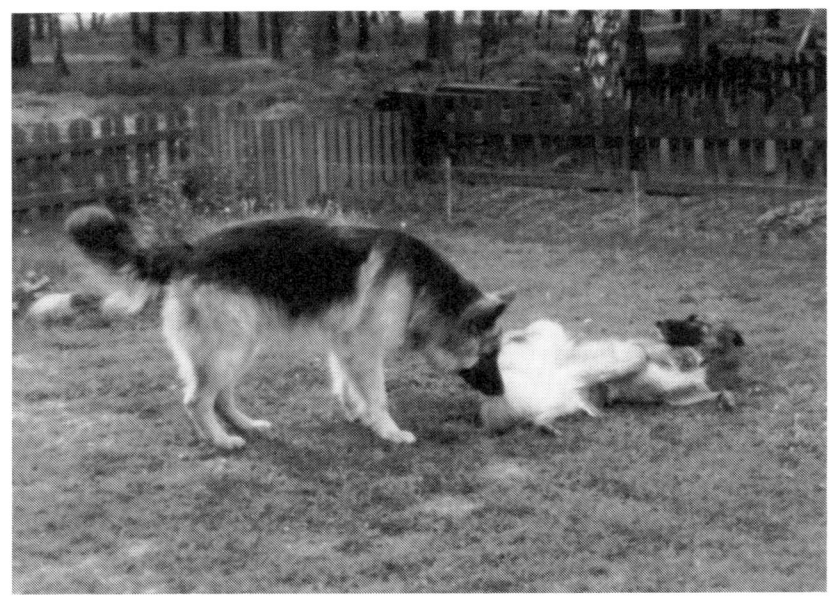

Der weiße, nach oben gedrehte Bauch dämpft die Aggression bei anderen Hunden.

Gerade Farben spielen offensichtlich eine gewisse Rolle. Das Fell der Welpen ist oft ein wenig heller, als das der erwachsenen Hunde. Wahrscheinlich tragen auch hier die etwas helleren Farben – dank des Gegensatzes zu den dunkleren „Farben der Erwachsenen" – dazu bei, die Aggressionen der älteren Tiere gegenüber den jungen zu dämpfen.

Dies erklärt unter Umständen auch die Tatsache, daß viele Hunde am Bauch weniger Haare haben. Dies gilt besonders für Welpen. Selbst die Haut ist immer heller als das dunklere Fell. Vermutlich ist es diese Farbnuance, die den älteren Hund sanft und vorsichtig werden läßt.

Interessant ist auch, daß Hunde, die in das Greisenalter kommen, zuerst am Bauch und an bestimmten Stellen des Gesichtes weiß werden. Es ist sicherlich eine etwas verrückte

Signalisiert ein weißer Hund Friedfertigkeit? Zieht ein schwarzer Hund eine andere Aufmerksamkeit auf sich? Hoffen wir, daß wir Antworten auf diese Fragen bekommen.

Theorie, aber vielleicht hat dies etwas damit zu tun, daß auf diese Weise Friedfertigkeit signalisiert wird.

Haben hellere und dunklere Farbe verschiedene Einflüsse auf Hunde? Ich machte einige Interviews über diese Theorie. Ich fragte Personen, die sowohl weiße, als auch schwarze Hunde haben. So hatte einer sowohl weiße Pyrenäenhunde als auch schwarze Neufundländer. Ein anderer, der befragt wurde, hatte weiße und schwarze Pudel usw. Dies war zwar keine gut kontrollierte Studie, aber es war trotzdem eine Tendenz zu erkennen.

Alle bekamen die gleiche Frage gestellt: „Wenn Sie mit Ihren Hunden hinausgehen und es begegnet Ihnen ein anderer Hund, welcher von den beiden wird ausfallend, knurrt

Der Schwächere zeigt deutlich seine Untertänigkeit gegenüber dem Stärkeren.

oder dergleichen – der Schwarze oder der Weiße? Alle antworteten, daß dies oft der schwarze Hund sei, der mit dem anderen nicht klar komme ... Dies ist noch lange kein Beweis. Aber die Theorie von den Farben bleibt interessant.

Die hellere Farbe der Unterseite des Welpen dämpft die Aggression des älteren Tieres.

Um eine gut belegte Antwort zu finden, müßte eine gründlichere Untersuchung vorgenommen werden.

Bei uns Menschen findet sich eine ähnliche Tendenz zur Reaktion gegenüber schwarz und weiß. Ich denke hier vor allem an die Filme meiner Jugend mit Helden und Schurken. Die Schurken waren zunächst immer schwarz und die Helden weiß gekleidet. Die Schurken ritten auf schwarzen und die Helden auf weißen Pferden.

Das Kriechen

Die Bemühungen, Unterwerfung zu zeigen, können viele verschiedene Formen annehmen. Oft setzt sich ein Hund nur nieder, um dadurch seine Untertänigkeit gegenüber einem anderen Hund oder einem Menschen auszudrücken. Man sieht manchmal, daß diese Ausdrucksweise kombiniert wird mit dem Anheben einer Vorderpfote. Dadurch wird das Signal verstärkt.

Legt ein Hund sich nieder, zieht er oft ein Hinterbein in die Höhe. Ein Teil der Ethologen sagt, daß dies geschähe, um den Genitalbereich zu entblößen. Andere heben hervor, daß diese Haltung der Drohposition entgegengesetzt sei. Vielleicht geschieht dies auch, um die hellere Farbe des Bauches hervorzuheben.

Gewichtsverteilung

Man hat untersucht, auf welche Weise das Körpergewicht auf die Beine verteilt wird. Bei Angst und bei Aggression geschieht dies nämlich auf unterschiedliche Art. Ein Hund, der wütend und selbstsicher ist, legt den größten Teil des Gewichtes auf die Vorderbeine: Er lehnt sich leicht vorwärts.

Der linke, zurückhaltende Hund verlagert sein Gewicht nach hinten, der rechte, dominante Hund nach vorne.

Ein ängstlicher Hund verlagert den größten Teil seines Gewichtes auf die Hinterbeine. Die Gewichtsverteilung ist zuerst von der Anatomie abhängig, aber sie hat ganz sicher auch als Signal eine Bedeutung. Ein wütender Hund, der zum Angriff bereit ist, legt sein ganzes Gewicht nach vorne, um angreifen zu können. Der ängstliche Hund verlagert sein Gewicht nach hinten, um leichter Unterwürfigkeit zeigen oder abhauen zu können. Gleichzeitig liest der andere Hund die Sicherheit oder die Unsicherheit aus dieser Körperstellung.

Der Nacken

Bei Unterwürfigkeit wird der Nacken gesenkt, gleichzeitig wird der Kopf etwas gestreckt, so daß der Nacken und die Schnauze eine gerade Linie mit dem Rücken bilden. Wenn

28

das Genick stolz zurückgebogen wird und die Schnauze nach unten zeigt, so daß diese Krümmung an einen Schwan erinnert, zeigt dies, daß der Hund selbstsicher ist. In dieser Stellung sind auch Gesicht und Blick gerade nach vorne gerichtet. Dies sieht man oft in Verbindung mit Aggression oder Drohung.

Die Richtung und der Winkel des Kopfes

Die Art der Kopfhaltung des Hundes kann entscheidend für die Botschaft sein, die vermittelt werden soll. Richtet sich das Gesicht direkt gegen einen anderen Hund, zeigt dies, daß er selbstsicher und nicht ängstlich ist. Ist der Kopf abgewandt, kann dies Unsicherheit oder Angst bedeuten oder eine Demonstration der friedlichen Haltung sein.

Mit dem Abwenden des Blickes wird die Drohung des provozierenden Hundes effektvoll gedämpft.

Selbst wenn viele andere Signale erkennen lassen, daß es sich um Aggressivität handelt, kann ein geringfügiges Abwenden des Kopfes vom anderen Hund (oder Menschen) zeigen, daß er eigentlich ängstlich und unsicher ist. Daher ist es so wesentlich, mit diesen wichtigen Formen der Zusammensetzung von Signalen vertraut zu sein.

Auch der Winkel zwischen Kopf und Körper kann viel aussagen. Wird das Kinn gegen die Brust gehalten, ist dies ein Signal für Sicherheit. Der Hund kann sozusagen alle seine Gesichtssignale deutlich zeigen. Das Hochheben des Kinnes signalisiert Unsicherheit und Unterwerfung, es ermöglicht das Verstecken der Gesichtssignale.

Der vorgestreckte Nacken und die hochgehaltene Nase sind ein Zeichen der Unterwerfung.

Das Hinwenden und Wegwenden

Ein Hund kann sich von einem anderen Hund oder einem Menschen wegwenden und damit, durch seine Körperstellung, erkennen lassen, daß er friedlich ist. Er kann sich auch

Die „T-Position". Der Unterlegene dreht dem Überlegenen die Seite zu. Dieser steht in gerader Richtung gegen den Unterlegenen.

direkt gegen ein anderes Individuum richten und damit demonstrieren, daß er dominant und selbstsicher ist. Diese sogenannte „T-Position" wurde schon oft untersucht. Der Unterlegene dreht dabei dem Überlegenen die Seite zu, und dieser steht in gerader Richtung gegen den Unterlegenen.

Wenn ein Hund grüßt, demonstriert er oft seine Friedfertigkeit damit, daß er dem Hund oder dem Menschen, der begrüßt werden soll, sein Hinterteil zuwendet. Er zeigt damit, daß nichts Drohendes in diesem Verhalten liegt, obwohl er ihm so nahe kommt. Viele Hundebesitzer fühlen sich dadurch aufgefordert, den Hund auf das Hinterteil zu klopfen, statt ihn zu streicheln. Es ist sehr gefühlsbetont, wenn ein Hund so nahe an ein anderes Individuum herangeht. Die Nähe ist ein Faktor, der große Bedeutung hat.

Kommt ein Hund sehr nahe an einen anderen heran, so kann jener das als eine Drohung oder Provokation ansehen. Wenn der Hund dagegen deutliche Signale zeigt, die zu

Für die Kamera sitzen diese beiden Hunde nahe beeinander. I h r e Meinung zu dieser Nähe verdeutlichen sie selbst: Der eine vermeidet den nahen Körperkontakt.

erkennen geben, daß es sich um eine Einladung zum Spiel, um Unterwürfigkeit oder Untertänigkeit handelt, ergeben sich keine Probleme. Aber wenn der Hund steif ist, wenn er sich nähert, bedeutet das eine Provokation.

Hunde reagieren sogar, wenn sie andere Hunde mit steifen Beinen und nahe beeinander stehen sehen. Dann versuchen sie oft, diese zu trennen. Ein Border-Collie sah zwei andere Hunde, die provozierend nahe beeinander standen. Er reagierte sofort, indem er in voller Fahrt um die beiden herum rannte und dabei laut bellte. Es gelang ihm auch, die beiden zu stören, so daß sich eine drohende Beißerei in nichts auflöste.

Der feine, weiche Pelzkragen rahmt das Gesicht ein und hebt alle wichtigen Signale hervor.

Auf dieselbe Weise reagieren Hunde auf Menschen, die dicht beieinander stehen. Manche Hunde versuchen Vater und Mutter zu trennen, wenn diese sich umarmen oder in anderen Situationen nahen Körperkontakt aufnehmen. Oft zu deren großer Verzweiflung.

Der Pelzkragen

Diejenigen Hunde, die einen Felltyp haben, entsprechend der ursprünglichen Form der Wölfe, tragen einen großen Pelzkragen um den Hals. Die Haare wachsen von den Wangen nach hinten und vom Genick abwärts. Dadurch entsteht eine Art Kragen, der größer wird, wenn das Kinn gegen die

Brust gebogen wird. Wenn also bei Unsicherheit das Kinn gehoben wird, wird er kleiner und bei einer Drohung, wenn das Kinn angezogen wird, wird er größer.

Selbstsicher, dominant oder drohend.

Dominant, neutral.

Unsicher und drohend.

Relativ sicher oder etwas unsicher, neutral.

Etwas unsicher, dominant, üblich bei einem Hund, der etwas bewacht.

Neutral, interessiert.

Unsicher, etwas untertänig.

Untertänig.

Ängstlich oder sehr untertänig.

Die Sprache des Schwanzes

Der Schwanz ist eine Art der Signalgebung, welche die größten Variationsmöglichkeiten beinhaltet. Aus ethologischer Sicht ist es daher ein absoluter Fehler, den Schwanz zu kupieren, d. h. ihn abzuschneiden. Wir können jedoch die Hoffnung haben, daß in Zukunft alle Hunde diesen wichtigen Teil ihres Körpers behalten dürfen.

Der Schwanz kann von einer Seite nach der anderen schwingen, als freudiges Wedeln oder im Jagdeifer. Er kann bei Zorn steil nach oben gestreckt werden. Er kann gesenkt werden – und vielleicht ganz zwischen den Beinen verborgen werden – in Situationen, wo Ängstlichkeit oder Unsicherheit gezeigt werden sollen. Und er kann eine ganze Reihe von Zwischenstellungen einnehmen.

An der Spitze ist der Schwanz oft etwas heller oder etwas dunkler. Dieser Farbkontrast ist sicher damit begründet, daß die Schwanzspitze deutlich gesehen werden soll, wenn der Hund seinen Schwanz hebt, um zu imponieren. Durch Hunderttausende von Jahren hat die Natur solche – für uns unwichtigen – Details wie die Haarspitzen der Angehörigen der Hundefamilie entwickelt. Alles zu dem Zweck, die Kommunikation zwischen diesen Tieren so effektiv wie möglich zu machen.

Lecken

Ein deutliches Unterwerfungssignal ist das Lecken am Maul eines anderen Hundes. Das Lecken ist vor allem gegen den Mundwinkel gerichtet. Es erinnert an ein Verhalten der Welpen. Aber deren Ziel ist ein anderes. Wenn kleine Welpen einem erwachsenen Hund mit eifrigen Leckbewegungen gegen dessen Mundwinkel begegnen, führt das zur Auslösung eines Reflexes beim erwachsenen Hund, der ihn veranlaßt, Nahrung hervorzuwürgen. Das hängt mit dem Transport von Nahrung zusammen.

Die wilden Angehörigen der Hundefamilie haben oft Nahrung im Magen, die sie heim zu den Welpen transportieren. Dies ist sehr zweckmäßig. Wenn ein Jäger seine Beute sofort

Mit eifrigen Leckbewegungen versucht der Welpe den erwachsenen Hund zu veranlassen, Nahrung hervorzuwürgen.

frißt, entgeht er damit der Konkurrenz von anderen hungrigen Raubtieren. Außerdem sind das Maul und die scharfen Zähne nicht mit dem Tragen von Beute ausgelastet, sondern sie stehen zur Verteidigung zur Verfügung, wenn diese notwendig werden sollte.

Das Problem, wieder an die Nahrung zu kommen, hat die Natur so gelöst, daß die Welpen den heimkommenden Jägern an den Mundwinkeln lecken. Dadurch wird ein Brechreflex ausgelöst – und die Nahrung ist serviert. Lauwarm, auf Körpertemperatur, gekaut und halb verdaut. Perfekte Kindernahrung.

Die Welpen lernen auf diese Art, sich allmählich an feste Nahrung und an weniger Muttermilch zu gewöhnen. Das Essen, das sie von den Erwachsenen bekommen, ist vorgekaut und teilweise vorverdaut.

Dieses Nahrungsbettelverhalten findet sich auch bei erwachsenen Hunden, aber es wird nun als aktive Unterwerfung, zum Beispiel beim Begrüßungszeremoniell, gebraucht. Genau wie bei den Welpen richten sich die Leckbewegungen gegen das Maul. Oft hört man welpenähnliches Kläffen oder andere Laute der Unterwerfung, die auf diese Art die Untertänigkeit anzeigen.

Das ist eine Erklärung dafür, weshalb Hunde oft und gerne an Menschen hochspringen, wenn sie glücklich sind. Es ist ein Zeichen der aktiven Unterwerfung. Er will hoch zum Mund, um diesen zu lecken. Das bedeutet Untertänigkeit und Freude. Es leuchtet ein, daß der alte Rat, den Hund gegen das Knie springen zu lassen, wenn er hochspringt, vollkommen unangebracht ist. Es gibt andere Arten, dieses Problem zu lösen (weiterführende Literatur: „Problemhunde und Hundeprobleme" von A. Hallgren).

Die Leckbewegungen sind ein Verhalten, dessen ursprünglicher Zweck darin besteht, Nahrung zu bekommen. Die Zunge bearbeitet die Brustwarze der Mutter, um den Milchfluß anzuregen. Später erfolgt das Betteln um Nahrung durch Lecken gegen die Mundwinkel. Später im Lebenszyklus sehen wir sie bei der aktiven Unterwerfung unter anderem im Begrüßungszeremoniell. Sie taucht wieder auf beim Pflegeverhalten und in der Welpenpflege. Hier pflegt die Mutter ihre Welpen, indem sie ihnen den Bauch leckt. Auf diese Art und Weise stimuliert sie die Verdauung der Welpen. Das Lecken mit der Zunge kommt in den verschiedensten Verhaltensformen vor. Ein kleiner natürlicher Kreislauf ist geschlossen.

Der Schnauzenstoß des
erwachsenen Hundes –
ein Zeichen der aktiven
Unterwerfung.

Der Schnauzenstoß

Zusammen mit dem Lecken gegen den Mundwinkel gibt
es auch einen speziellen Schnauzenstoß gegen den Mund.
Diesen bezeichnet man als eine Intentionshandlung*, es ist
sozusagen der Anfang der Leckbewegung. Ein Welpe stößt
mit der Nase, gleichzeitig richtet er das Lecken gegen den
Mundwinkel des Erwachsenen.

---

* Intention = Absicht, Vorhaben

38

Dieser Welpe demon-
striert den Schnauzen-
stoß bei einem Kind.
Für ihn handelt es sich
um einen Artgenossen.

Der Schnauzenstoß des unterlegenen Hundes demonstriert Untertänigkeit.

Das Aufheben der Vorderpfote bedeutet häufig ein Zeichen der Unterwerfung.

Es ist anzunehmen, daß der Schnauzenstoß sich aus dem Stoß des Welpen gegen das Euter entwickelt hat, der dadurch die Milchproduktion stimuliert. Sicherlich hat auch die Leckbewegung ihren Ursprung beim Säugen. Auch die Anwendung der Zunge fördert den Milchfluß.

Den Schnauzenstoß finden wir im Verhalten der erwachsenen Hunde wieder. Nämlich in dem ewigen Puffen mit der Schnauze, wenn unser Hund gestreichelt werden will. Der Schnauzenstoß des unterlegenen Hundes in der Abbildung demonstriert jedoch Untertänigkeit und nicht den Wunsch, gestreichelt zu werden. Es ist auch eher eine Leckbewegung als ein Stoßen.

Die Stöße werden von unten nach oben gerichtet. Dies ist typisch für alle Verhaltensformen der Unterwerfung.

Das Aufheben der Pfoten

Das Aufheben der Vorderpfote bedeutet häufig ein Zeichen der Unterwerfung. Laut einigen Ethologen stammt diese Geste vom Milchtritt der Welpen ab. Während die Welpen saugen, treten beide Vorderpfoten gegen die Mutterbrust, dadurch tritt mehr Milch aus.

Die erhobene Pfote wird häufig mit dem Wegdrehen des Kopfes kombiniert. Dies gilt vor allem, wenn die Pfote gebraucht wird, um sich mit einem Dominanteren, zum Beispiel einem älteren Hund, zu versöhnen. Er kann die Pfote aufheben und den älteren Hund liebkosen, während gleichzeitig der Kopf weggedreht wird. In diesem Fall kann das Verhalten als eine Einladung zum Spiel oder bloß als allgemeine Kontaktsuche dienen.

Scharren

Bei Hunden liegt sicherlich das Pfotenheben zugrunde, wenn sie mit Pfotenscharren Kontakt und Aufmerksamkeit von uns fordern. Dieses Verhalten tritt häufig auf, wenn man sich niedersetzt. Der Hund kommt her und beginnt an Mutters oder Vaters Bein oder Arm zu kratzen. Auf die ihm eigene höfliche Art kombiniert er den Wunsch nach einer Kontaktaufnahme mit einem Zeichen der Untertänigkeit.

Wenn ein Hund seine Pfote nach vorne gegen Sie streckt, geschieht dies nicht, damit Sie die Pfote nehmen sollen. Wenn Sie dies tun, wird der Hund mit großer Wahrscheinlichkeit seine Pfote zurückziehen. Nein, dieses Signal bedeutet, daß der Hund Ihre Aufmerksamkeit haben möchte. Sie sollen nicht die Pfote nehmen, aber wenn sie ihn stattdessen liebkosen, wird er zufrieden sein. Vielleicht möchte er auch, daß etwas geschehen soll, weil er sich langweilt. In diesem Fall bedeutet das Signal, daß Sie etwas Aktivität entfalten sollen.

Zeigen und Vorstehen

Hunde teilen einander und uns oft etwas mit. Ich habe häufig darüber nachgedacht, wieviel wir Menschen von diesen Botschaften eigentlich wirklich aufnehmen. Verstehen wir auch nur die Hälfte von ihnen? Und wieviele dieser Mitteilungen empfangen wir überhaupt nicht?

Ein Signal, das Jäger sich oft zunutze machen, ist das Vorstehen, d. h. die Bezeichnung von etwas, zum Beispiel einer Beute. Es kann also bedeuten: „Da, in dieser Richtung ist etwas Interessantes." Bei einigen Rassen ist dieses Verhalten besonders gut entwickelt; solche Rassen nennt man „Vorsteher" oder „Pointer". Aber das Vorstehen ist bei mehreren Rassen üblich – vor allem beim Setter.

Der Hund steht starr. Der ganze Körper scheint auf einen weiter entfernten Punkt konzentriert zu sein. Andere Hunde, die dieses Vorstehen sehen, schauen unwillkürlich in die angegebene Richtung.

Dieses Verhalten faszinierte mich in einem derartigen Grade, daß ich einmal beschloß, ein Experiment zu machen. Wir waren zwei Personen, und der Hund, der dabei war, war ein Schäferhund. Wir wollten beide versuchen, das Pointer-Verhalten nachzuahmen.

Wir richteten unsere Aufmerksamkeit gegen eine bestimmte Stelle, um zu sehen, ob wir dem Schäferhund unsere Botschaft begreiflich machen können. Als wir einige Zeit so dastanden und auf ein kleines Stück Holz, das am Ufer trieb, starrten, schaute der Hund auf uns. Danach sah er in die Richtung, in der wir vorstanden, schaute zielbewußt

42

Mit dem Vorstehen zeigt der Jagdhund dem Jäger, in welcher Richtung das Wild steht.

hin und fand das Holz. Es wirkte! Ich habe den Versuch später mit anderen Hunden wiederholt. Zuweilen glückte es, zuweilen nicht. Es ist vielleicht nicht möglich, daß Menschen die deutlichen Körpersignale der Hunde ganz genau nachahmen.

Interessenmarkierung

Des öfteren sieht man einen anderen Typ des Signalverhaltens zwischen Hunden. Wenn sich ein Hund zum Beispiel sehr interessiert an einer bestimmten Stelle zeigt, beeilt sich ein anderer Hund sofort, um dorthin zu kommen. Das Interesse ist ansteckend. Ist ein Hund an etwas sehr stark interessiert, ist dies eine Mitteilung für andere Hunde, daß hier etwas Spannendes ist.

Damit Hunde daran interessiert waren, Kontakt mit mir aufzunehmen, versuchte ich mehrmals etwas ähnliches zu machen. Ich fing an, ein bißchen im Boden zu wühlen, und so zu tun, als wäre ich hiervon ganz fasziniert. Der Hund, der

Dieser Hund untersucht die Stelle, die Herrchen so interessant findet.

die Szene zufällig beobachtete, kam alsbald herbei und begann zu schnüffeln. Er faßte mein Interesse ganz richtig als Mitteilung auf, daß hier etwas sei, was es wert wäre, näher untersucht zu werden. Schon nach kurzer Zeit begrüßten wir uns vertrauensvoll.

Diesen kleinen Trick kann man vorteilhaft beim Herbeirufen ausnutzen, wenn der Hund nicht kommen will.

Bewegung und Bewegungsrichtung

Die Art wie und in welche Richtung ein Hund sich bewegt, kann eine wesentliche Information beinhalten. Wenn ein Hund herumläuft, ein wenig schnüffelt und pinkelt, zieht er keine besondere Aufmerksamkeit auf sich. Ist er dagegen zielstrebig auf seinem Weg oder steht starr, haben andere Hunde sofort mehr Interesse. Galoppiert er in eine bestimmte Richtung, ist dies in den Augen anderer Hunde besonders interessant. Hohe Geschwindigkeit weckt immer die Aufmerksamkeit anderer Hunde. Eine bekannte Tatsache, die viele Jogger peinlich erfahren mußten. Hohe Geschwindigkeit kann man beim Herbeirufen ausnutzen. Es ist effektiver, einen Hund zu sich zu locken, wenn man sich schnell von ihm weg bewegt. Geschwindigkeit bleibt für Hunde ein Signal.

„Gärdet" ist ein bekannter Platz in Stockholm, um Hunde auszuführen. Oft versammeln sich die Hundebesitzer in Gruppen und lassen ihre Hunde auf den großen Grasflächen frei laufen. Einmal war eine solche Gruppe draußen spazieren. Unter den Hunden war ein Bearded-Collie-Rüde, der vom Autojagen vollkommen begeistert war. Der Rüde war frei und spielte mit den anderen Hunden.

In einiger Entfernung entdeckte der Hund nun ein Auto, das auf dem Weg entlangfuhr. Der Rüde setzte ihm in hoher Geschwindigkeit nach. Die gesamte Gruppe der anderen Hunde raste sofort hinterher. Obwohl sie nicht wußten, daß der Rüde nur Autos jagen wollte, blieben sie lange fort. Für die Gruppe war dies an sich überhaupt keine interessante „Beute". Das ganze hätte in einer Katastrophe enden können, falls die Hunde auf den Weg gerannt wären. Aber durch das aufgeregte Rufen aller „Väter" und „Mütter" wendete die Meute im letzten Augenblick, das Auto war bereits außer Sicht.

Dies ist ein Beispiel dafür, wie anziehend hohe Geschwindigkeit auf Hunde wirkt und wie sie auch andere Hunde mitzieht. Selbst wenn diese nicht wissen, aus welchem Grund sie laufen, rennen sie mit.

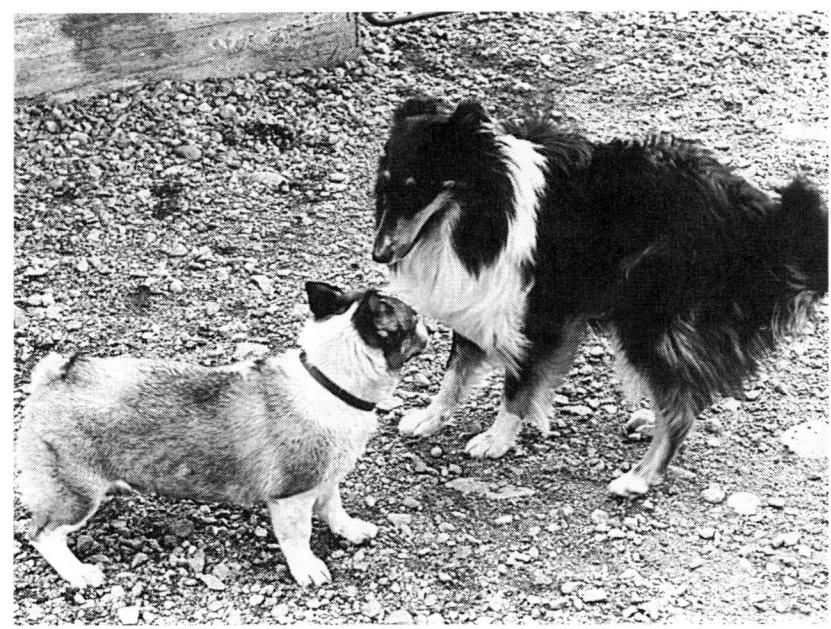

Wenn sich einander zwei Hunde nähern, treffen sie selten frontal aufeinander, sie tun so, als wollten sie aneinander vorbeilaufen.

Hohe Geschwindigkeit kann auch eine starke Drohung beinhalten. Wenn ein Hund mit hoher Geschwindigkeit auf einen anderen Hund zuläuft, kann dies umgehend eine Beißerei auslösen. Das schnelle Tempo und die Richtung gegen den anderen ist gleichbedeutend mit einem Angriff.

Deshalb verlangsamen die Hunde ihre Geschwindigkeit, wenn sie sich einander nähern. Oder sie zeigen übertriebene Zeichen der Untertänigkeit (wie bei Welpen üblich).

Es ist auch üblich, daß sie bloß die Richtung ändern, anstatt die Geschwindigkeit zu vermindern. Besonders häufig ist dies bei Junghunden. Erst sieht es so aus, als wollten sie aneinander vorbeilaufen. Aber wenn sie auf gleicher Höhe sind, bleiben sie plötzlich stehen und begrüßen sich.

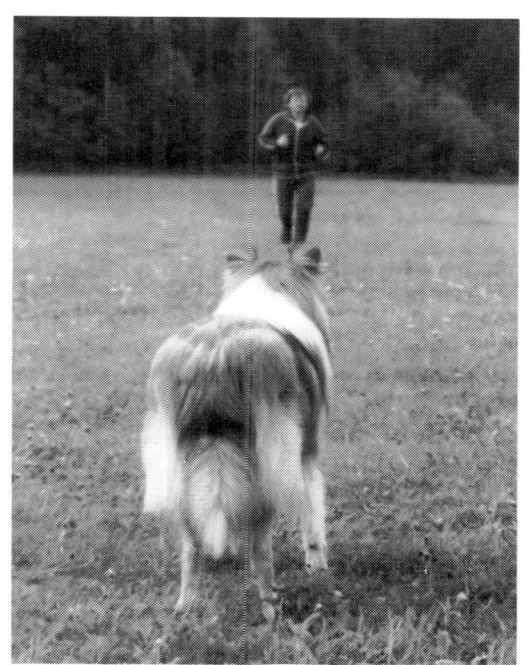

Läuft ein Mensch mit hohem Tempo direkt auf einen Hund zu, kann der Hund dies als Angriff mißverstehen, und reagiert entsprechend.

Das gleiche gilt für viele Hunde, wenn sie mit hoher Geschwindigkeit auf ihren Führer zurennen. Sieht man genau hin, entdeckt man, daß sie seitlich zu ihm hinlaufen.

Der Hund kann vor dem Menschen Angst bekommen – oder er kann böse auf ihn werden, wenn dieser mit hoher Geschwindigkeit auf ihn zuläuft. Es kann beispielsweise vorkommen, daß ein Hund ein Kind kneift, das direkt gegen ihn gesprungen ist, ohne sein Tempo zu vermindern. Ganz unabhängig davon, ob der Hund gewöhnlich kinderfreundlich ist.

Die Mimik

Die Möglichkeiten der Hunde, sich durch Gesichtsmimik auszudrücken, sind so unendlich verschieden und so reich an Variationen, daß wir uns das kaum vorstellen können. Eine kleine Zuckung, ein starrer Blick, ein Blick, der für den Bruchteil einer Sekunde in eine andere Richtung geworfen wird – all dies kann das Element einer Botschaft sein. Vielleicht ist es der Gebrauch der Sprache, durch die wir so viel von unserem Sinn für Körperausdruck und Mimik verloren haben. Die Bedeutung eines Blickes kann bei weitem nicht immer in Worte übersetzt werden. In der menschlichen Wortsprache hat dieses Verhalten keinen Namen bekommen.

Die groberen Körpersignale sind relativ leicht zu studieren. Schwanzbewegungen, Bürste, Körperhaltung und die Art den Kopf zu halten. All diese Signale werden deutlich und relativ langsam gezeigt, so daß wir sie verstehen können.

Aber die kleinen, plötzlichen Änderungen bei den Lippen und der Augenbrauenstellung, der schnelle Augenaufschlag, ein provozierender Blick, die Ausweitung oder Verkleinerung der Pupille – dies alles zusammen sind Dinge, die schwer zu lesen sind und viel Übung erfordern. Die Mimik kann sich so schnell ändern, daß wir es kaum registrieren. Wie das Kräuseln von Wasser kann sich der mimische Ausdruck über das Gesicht des Hundes fortpflanzen. Und er kann schon vorbei sein, noch ehe Menschen überhaupt die Signale erfaßt haben. Doch ein anderer Hund registriert sofort die Botschaft, welche diesen kleinen und feinen Bewegungen zu entnehmen ist.

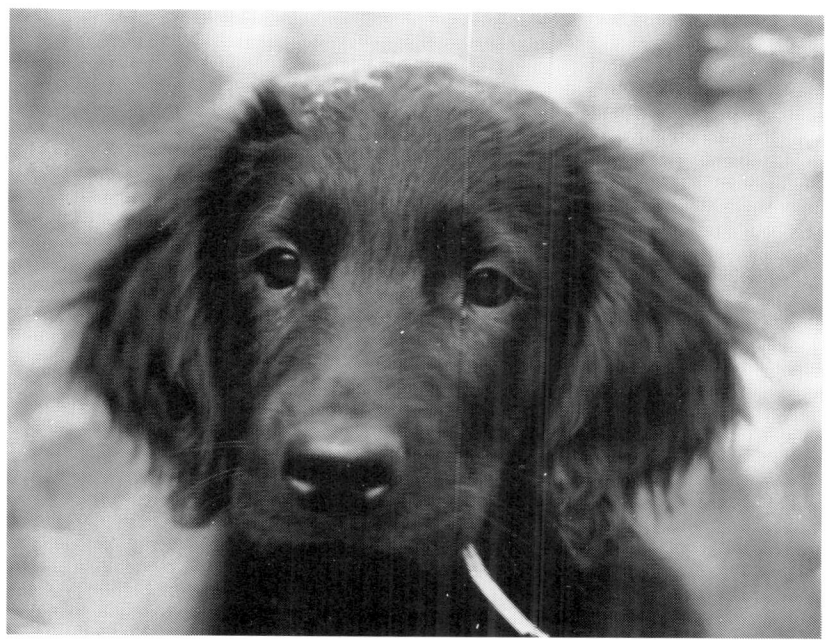

Der Hund hat eine Vielzahl von Möglichkeiten, sich durch Gesichtsmimik auszudrücken.

Ein unerforschtes Gebiet

Die Mimik des Hundes ist noch ein ganz unerforschtes Gebiet. Die Körperhaltung ist seit langem umfassend beschrieben und man versteht sie gut. Aber das Verständnis der Mimik hinkt hinterher. Dabei ist die Mimik des Hundes ein ungeheuer spannendes Gebiet. Sie kann zu einer wirklichen Entdeckungsreise für Sie werden.

Werden Sie doch selbst zum Forscher, Untersucher, Protokollführer. Legen Sie das Buch zur Seite und beobachten Sie Ihren Hund in den verschiedensten Situationen. Versuchen Sie selbst zu empfangen und zu übersetzen, was Sie im Gesicht Ihres Hundes lesen.

Das Gesicht

Beginnen wir damit, die Mimik eines Hundes zu kartieren, um zu erkennen, wie das Gesicht aufgebaut ist. Hier lasse ich nun einmal meiner Bewunderung für die natürliche, perfekte Ordnung, die auch einen Sinn für Dramatik zeigt, freien Lauf, und ich hoffe, daß Sie sich dadurch nicht stören lassen.

Sehen wir uns zuerst das Wachstum des Felles an. Beginnen wir mit den kleinen, kurzen Haaren an der Schnauze. Zum Nasenrücken hin wird das Fell dichter und dichter. Jedes einzelne, kleine Haar zeigt gegen die Stirn. Alle sind parallel. Dicht an den Augen beginnen sie zusammenzulaufen. Dort werden sie zusammengedrängt, es ist, als würden sie gezwungen, für die Augen Platz zu machen. Ein sehr intensives Gebiet, die Haare wachsen in verschiedenen Richtungen rund um die Augen. Verschiedene Felltypen sammeln sich hier und begrenzen das Gebiet, eine sehr lebendige Partie. Aber plötzlich, wenn das Fell an den Augen vorbei ist, breitet es sich über die Stirn aus, wie die Ruhe, die sich über dem Meer nach einem Sturm ausbreitet. Das Fell läuft gegen die Schläfen und die Ohren, wie ein Pinselstrich auf einer Tafel. In ruhigem Strich wachsen die Fellhaare hinab über das Genick. Und vom Genick aus teilt sich das Fell auf jede Seite des Halses hinunter.

Unten an den Seiten des Halses gibt es aufs neue mehr Leben, mehr Intensität. Es kreuzen sich die Haare von der Nackenpartie und die Haare, die von der Seite der Nasenpartie und von den Backen kommen. Auf den Seiten der Nase wirkt es, als würde das Fell so wachsen, wie es sich das wünscht. Es gibt kein bestimmtes Muster. Die kleinen, kurzen Haare zeigen nach hinten abwärts, je näher man der Halspartie kommt, und dort vereinigen sie sich freundschaftlich mit dem etwas schwächeren Fell, das vom Kinn kommt.

Der Wechsel von kurzen und langen Haaren, von dicht und dünn bewachsenen
Stellen, hellen und dunklen Partien unterstreichen die Mimik des Hundes.

Unmittelbar unter den Ohren begegnen sich das Fell der
Halspartie und das Fell der Nackenpartie. Diese Begegnung
verläuft so, als würden sich zwei feindliche Heere, die einander bekämpfen, treffen. Es bilden sich Wirbel und Wellen,
Tumulte und Konflikte. Sie vereinigen sich zu einem kräftigen Kragen.

Bei langhaarigen Hunden mit dichtem Fell – auch bei
Wölfen – ist dieser Kragen wie ein Rahmen, der das gesamte
Gesicht umfaßt. Vom einen Ohr hinunter an den Hals und
aufsteigend zum anderen Ohr. Das Gesicht ist von einem
weichen, dichten Fell eingerahmt.

Farben

Es ist nicht allein die Fellstruktur, die die Mimik des Hundes verstärkt. Es sind auch die Abzeichen im Gesicht. Farben, bei denen auch ein Uneingeweihter sieht, daß diese ein vielfältiges Muster bilden. Aber wenn man näher hinsieht, entdeckt man, wie es alle Farbzeichnungen zusammen bewir-

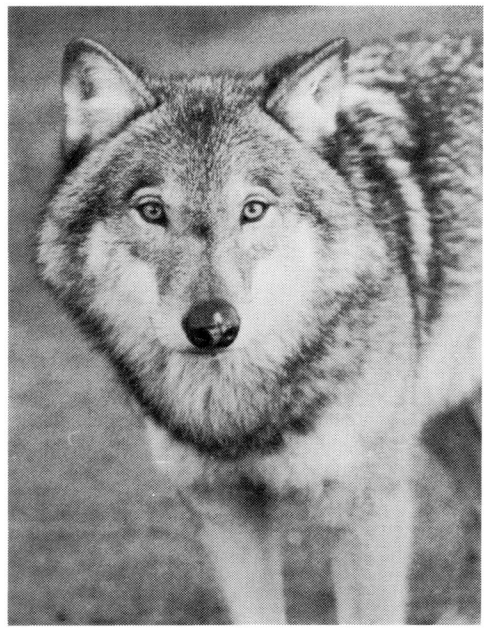

Das Gesicht des Wolfes wird von einer helleren Farbzeichnung eingerahmt, um die Mimik hervorzuheben.

ken, den bedeutungsvollen Zug des Gesichtes hervorzuheben. Ein dunkles Gesicht wird normalerweise von einem etwas helleren Fell eingerahmt. Betrachten Sie den Wolf in der Abbildung.

Der Wolf, ein Meisterwerk der Natur. Das Gesicht wird von einer helleren Farbzeichnung eingerahmt, um die Mimik hervorzuheben. Studieren Sie das Bild einmal genau, dann werden Sie noch mehr Details in der Gesichtszeichnung entdecken, die zu einer klaren und deutlichen Verständigung mit anderen Wölfen beitragen.

Die Natur, diese Meisterin, macht auch bei Details keinen Fehler.

Sehen Sie nur, wie die helleren Backen das Gesicht gleichsam hervorheben und wie das näher bei den dunkleren Lippen liegende Fell heller bleibt. Dem „Stirnrunzeln" dient die dunklere Markierung zwischen den Augen. Die Augen sind durch hellere Farben eingerahmt. Die Augenbrauen haben kräftig abweichende Farben. Die Außenkanten der Ohren sind dunkler und das Innere heller. Ein Zusammenspiel zwischen Farbe und Licht, das alle Details zu einem harmonischen Ganzen ordnet.

Dunkleres und helleres Fell bilden zueinander einen Kontrast, um die Mimik zu verstärken. Ein Hund mit hellen Augen hat oft einen schwarzen Rahmen, ein Hund mit einem hellen Gesicht kann einen dunklen Kragen oder schwarze Backen haben. Perfektion im Zusammenspiel.

Der einfarbige Hund

So kann man sich nun die Frage stellen, wie kommuniziert ein einfarbiger Hund? Hat er Probleme, seine mimische Botschaft zu vermitteln? Er entbehrt ja der Unterstützung durch Farben.

Doch, er kommt normalerweise ausgezeichnet zurecht. Sehen Sie zum Beispiel meinen Hund Ludde. Er ist kohlrabenschwarz. Aber Sie werden bemerken, wie sich das Licht

Hat ein einfarbiger Hund Probleme, seine mimische Botschaft zu vermitteln? Keineswegs.

im Fell bricht, weil es in verschiedene Richtungen wächst. Sie erkennen, wie das Gesichtsmuster deutlich hervortritt. Durch die Struktur des Felles wirkt es, als würde es um die Augen herum leuchten.

Machen Sie doch einmal eine Pause beim Lesen und studieren Sie bei Ihrem eigenen Hund eingehend das Fell und die Farben des Gesichtes. Vielleicht entdecken Sie Kleinigkeiten und Details, über die Sie früher nicht nachgedacht haben.

Die Augen

Der wichtigste und bedeutungsvollste Teil bei dieser Sprache der Mimik ist der Blick. Unsere Hunde sprechen vor allem mit den Augen. Darin liegt auch die Begründung, daß ihr Blick so ansprechend und so reich an Variationen ist.

Sehen Sie diesen Rüden, der einen Konkurrenten, einen anderen Rüden, im Auge hat, den er nicht mag. Die Schärfe des Blickes gleicht dem Ausdruck eines Habichts. Die Pupil-

Hunde sprechen vor allem
mit den Augen.

len ziehen sich zusammen. Der Blick bekommt einen steifen, starren Ausdruck, fest und drohend.

Da verschwindet der Konkurrent außer Sichtweite. An seiner Stelle taucht plötzlich eine Hündin auf, die ihm offenbar Sympathie entgegenbringt. Seine Augen scheinen sofort eine Veränderung von der Habichtsform zur Herzform durchzumachen. Wie Seifenblasen scheinen plötzlich kleine Herzen aus dem nun warmen Blick und den großen liebevollen Pupillen aufzusteigen (s. Abb. S. 56).

Der Blick ist phantastisch dazu geeignet, eine Botschaft zu vermitteln. Das kann man auf eine einfache Art auch zu Hause erfahren. Man braucht sich nur an den Eßtisch zu setzen. Plötzlich hat man an seiner Seite – keinen Hund: Nein, einen Hypnotiseur! Die ganze Nasenpartie des Hundes

Ist das ein anderer Rüde,
den ich hier sehe . . .?

O nein! Das ist ja eine Hündin.

wirkt verlangend. Auffordernde Hundeblicke fixieren die Mahlzeit. Er schaut nicht auf die Person, die ißt – er macht bloß einen blitzschnellen Augenaufschlag. Nein, das Essen auf der Gabel wird studiert.

Der Blick hat etwas stark Hypnotisierendes an sich. Ein Saugen, so kräftig, daß man es beinahe so empfindet, als wollte sich die Gabel gegen den Hund biegen . . .

Steht das Essen auf dem Tisch, wird der Hund zum Hypnotiseur.

56

Man kann den Hund auch in einer anderen Rolle am Eßtisch erleben: „Der Hungernde". Die Lieblingsrolle bestimmter Hunde. Allein mit den Augen erzählt er uns, daß mindestens 14 Tage vergangen seien, seit er das letzte Mal eine anständige Mahlzeit bekommen habe. Dies scheint eine sehr erfolgreiche Auswirkung auf bestimmte Personen zu haben, die sich durch diesen geschickten Hund hereinlegen lassen.

Die Umgebung der Augen

Rund um die Augen gibt es eine ganze Skala von Ausdrucksmöglichkeiten, die in Verbindung mit dem Blick verschiedene Botschaften aussenden können. Dort sitzen nämlich eine Reihe kleiner Muskeln, die auf verschiedene Weise arbeiten. Sind alle Muskeln entspannt, haben die Hunde einen runden Blick. Wenn die Muskeln gespannt sind, wird der Blick schärfer. Die Augen können ihre Form ändern, sie können sich erweitern oder schmäler werden. Die hellere Umgebung um die Augen herum markiert dies deutlich. Sie bewirkt, daß die anderen Hunde sie genau erkennen können.

Die Augenbrauen sind deutlich gekennzeichnet, oft mit abweichenden Farben. Die Haare der Augenbrauen wachsen auf eine andere Art als das Fell rundum. Das betont sie selbst bei einfarbigen Hunden. Dadurch, daß sie kleine „Beulen" bilden, werden sie noch mehr hervorgehoben, sie wirken dabei etwas hervorstehend. Einige längere und kräftigere Haare tragen ferner zu deren deutlicher Markierung bei.

Es ist interessant, die Bewegungen der Augenbrauen zu studieren. Diese ist nämlich gleichsam menschlich. Bei Wut ziehen sie sich zusammen und abwärts gegen den Nasenrük-

Die Augenbrauen des Hundes
sind deutlich gekennzeichnet.

ken. Bei Angst und Unterwerfung werden sie nach oben und außen gegen Stirn und Schläfen gezogen.

Bei Wut zieht sich die Haut unter den Augen nach oben, so daß es aussieht, als würde der Hund die Nase runzeln. Die Unterkante der Augen preßt sich nach oben und es ergibt sich ein vor Wut wilder Blick.

Die Pupillen verstärken ebenfalls die Botschaft. Sie werden nämlich größer, wenn sie etwas Interessantes oder Erschreckendes wahrnehmen. Eckhard Hess, ein bekannter Forscher der Universität von Chikago, hat die Reaktion der Pupillen bei Menschen in verschiedenen Situationen beobachtet. Nach aller Wahrscheinlichkeit ist deren Verhalten dasselbe wie bei Hunden.

Bei ausgewogenen, behaglichen Gefühlen wie bei Freude, positiver Erwartung und wohlwollendem Interesse werden die Pupillen der Augen größer. Wut, Furcht und Unruhe verkleinern sie. Bei einem sehr starken Schrecken sieht man in

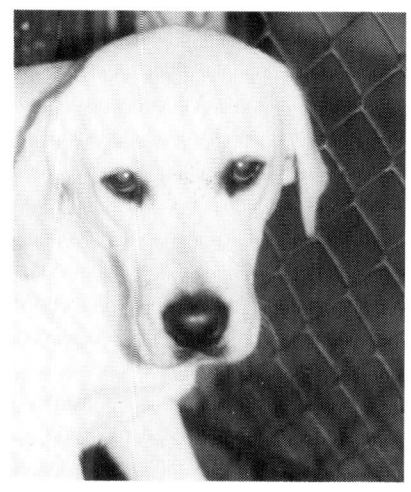

Der Schäferhund runzelt die Nase. Weiten sich die Pupillen, fällt mehr
Irgend etwas macht ihn wütend. Licht in das Auge, die Augen
„leuchten".

jedem Fall, daß die Pupillen sich ausweiten. Es fällt so mehr
Licht in das Auge, und sie sehen daher aus, als würden sie
leuchten. Der Grund hierfür sind die Reflexe auf der Netz-
haut.

Für uns gilt, daß Menschen, die große Pupillen haben,
anziehender wirken als diejenigen, die kleine haben. Unbe-
wußt fassen wir große Pupillen als ein Zeichen dafür auf, daß
der andere ein positives Interesse an uns hat. Dies ist der
Grund dafür, daß früher manche Damen den die Pupillen
erweiternden Stoff „Belladonna" verwendeten.

Es ist schwer zu sagen, ob die Hunde die Pupillenerweite-
rung als einen wichtigen Faktor der „Blick-Sprache" auffassen oder ob sie überhaupt einen Teil zu dieser Sprache
beiträgt. Aber sie kann ganz sicher zum Verstärken verschiedener Botschaften beitragen.

Etwas, was im allerhöchsten Grade Sprache ist, ist die
Blickrichtung. Ist der Blick direkt gegen einen anderen Hund

gerichtet, ist das ein dominantes, provozierendes oder drohendes Signal. Unterwürfigkeit, Zurückhaltung, Friedfertigkeit, Unsicherheit oder Angst wird mit weggewendeter Blickrichtung und eventuell mit einem flackernden Blick ausge-
drückt.

Verlängerter Augenkontakt – mehr als eine Sekunde – kann
Dominanz oder eine selbstsichere Drohung bedeuten. Speziell, wenn sowohl der Blick als auch die übrige Mimik und
die Körperhaltung alle Drohsignale vermitteln.

Der schwarze Hund sagt mit einem Blick: „Ich hasse Dich! Geh weiter!"

Dies ist etwas, an das man denken sollte, wenn man einem
ängstlichen Hund begegnet. Man darf ihm nie in die Augen
starren. Sonst wird er noch ängstlicher, er erkennt in unserem
verlängerten Augenkontakt eine Drohung. Er übersetzt die

Freundliche Kontakt-
aufnahme, ohne direk-
ten Augenkontakt.

Augensignale auf diese Art, eben weil er mißtrauisch gegenüber Menschen ist. Ein sicherer Hund, der zum Menschen
hält, scheint den Augenkontakt nicht als direkte Drohung
aufzufassen. Aber man kann dennoch sehen, daß diese Hunde
nach einiger Zeit dem Blick ausweichen.

Augenkontakt, lang- oder kurzfristig, braucht aber nicht
immer Drohung oder Dominanz zu bedeuten. Ein Hund
kann auch aus bloßem Interesse, aus Liebe oder Freude einen
stetigen Blickkontakt halten. Das beobachtet man oft im
Zusammenspiel zwischen Menschen und Hunden. Hunde
fixieren uns mit Blicken, die gespannte Erwartung ausdrük-
ken, wenn etwas Spannendes geschehen soll. Zum Beispiel,
wenn wir fragen, ob wir hinausgehen sollen. Sie können uns
aber auch einfach nur verliebt anschauen.

In einem Naturfilm im Fernsehen bekam ich einen Eindruck davon, wie viele Botschaften ein Blick beinhalten kann.
Eine Wolfsmeute hatte einen Elch erlegt. Als sie zu fressen
begannen, stürzte plötzlich ein Bär auf sie zu, um die Wölfe

Der Meuteführer gibt den anderen Wölfen mit einem Blick den Befehl, den Kampf abzubrechen.

von ihrer Beute zu verscheuchen und sich selbst daran zu mästen. Es entstand ein heftiger Kampf zwischen dem Bären und den Wölfen. Der Bär war viel zu stark, und mehrere Wölfe bekamen heftige Hiebe mit den Tatzen. Und plötzlich geschah es: Der Meuteführer sandte den anderen einen schnellen Blick zu. Und im nächsten Augenblick gaben alle den Kampf auf.

Selbst in der Hitze des Kampfes hatten die Wölfe untereinander Kontakt. Sie sahen mehrmals auf ihren Führer und hielten Kontakt mit ihm. Als dieser den Kampf als hoffnungslos beurteilte, vermittelte er diese Botschaft mit einem einzigen Blick, und alle brachen den Angriff ab.

Diese Sequenz kann sicher auf vielfältige Art ausgelegt werden. Aber ich sah, wie Blick und Gegenblick in der Hitze des Kampfes mehrmals zwischen den Wölfen ausgetauscht worden sind. Und ich bin sicher, daß diese Botschaften mehr beinhalten, als wir Menschen je begreifen können.

Die Ohren

Die Ohren sind auch im allerhöchsten Grad an der Mimik beteiligt. Nach hinten gerichtet sind sie typisch für Unterwerfung, nach vorne gerichtet für Dominanz und Drohung. Aber dies ist nicht die ganze Wahrheit. Wenn ein Hund an dem einen oder anderen interessiert ist, sind die Ohren nach vorne gedreht. Bei einer Beißerei legen die Hunde die Ohren nach hinten, vielleicht auch um sie zu schützen.

Es gibt auch eine Reihe von Zwischenformen. Ein Hund kann knurren und drohend erscheinen, dabei aber die Ohren nach außen richten oder nach hinten ziehen. Dies bedeutet, daß er in seiner Drohung unsicher ist.

Viele Rassen haben hängende Ohren, aber es sind dieselben Muskeln, die den Winkel der Ohren steuern. Es bleibt letzt-

Nach hinten gerichtete Ohren sind typisch für Unterwerfung.

lich nur ein kleiner Unterschied. Die nach hinten gerichteten Ohren hängen ständig herunter, aber sie ziehen nach hinten und liegen eng an den Halsseiten. Die nach vorne gerichteten Ohren flattern wie bei einem Elefanten.

Die Schnauze

Auch das Maul kann eine mimische Botschaft vermitteln. Die Lippen sind dunkel, oft schwarz. Dadurch bilden sie einen scharfen Kontrast zu den weißen Zähnen und der häufig helleren Umrandung durch die Backen. Dadurch werden sowohl die Zähne, als auch die Lippen hervorgehoben.

Die Partie um die Lippen und die Zähne herum ist für die Hundesprache ziemlich wichtig. Hunde wenden bei Streitigkeiten in der Regel die unerhörte Stärke, die in einem Biß liegt, als letzten Ausweg an. Beispielsweise nutzen sie in

Die dunklen Lippen bilden einen scharfen Kontrast zu den weißen Zähnen.

Die Haltung des Schäferhundes drückt neben der Aggression auch Angst und Unsicherheit aus. Der Labrador ist vom Angriff etwas überrascht, aber seiner Sache sicher.

Verbindung mit einer Drohung zuerst alle anderen Signale aus. Sie knurren und sehen aggressiv aus, sowohl in ihrer Mimik als auch in ihrer Körperhaltung.

Sie heben den Hals, stellen die Bürste auf, richten den Körper und den Blick gegen den Friedensstörer, entblößen die Zähne, bekommen „Stirnrunzeln" zwischen den Augen, ja, sie führen, kurz gesagt, all die wirksamen Signale vor, die den anderen warnen sollen.

Um die Drohung weiter zu verstärken, ohne zu beißen, markieren sie ein Schnappen in der Luft, gut sichtbar, so daß der andere Rachen und Zähne sehen kann. Der Mund soll daher gut markiert sein, damit der Gegner deutlich ablesen kann, daß dies vielleicht die letzte Drohung ist, bevor eine wilde Beißerei ausbricht.

Wenn die Hunde älter werden, werden sie oft grau an den Seiten der Nase, am Kinn und etwas an der Backe. Dadurch treten die dunkleren Lippen noch deutlicher hervor. Ist das vielleicht eine der Ursachen, weshalb das Fell grau wird? Vielleicht deshalb, damit der ältere Hund sich nicht in einen Kampf einlassen muß, um seine Autorität zu erhalten? Erzählt er allein kraft seiner Körperhaltung und seines Mienenspiels einem Emporkömmling, wo dieser hingehört? Deutliche Körpersignale können nämlich einem Hund oft den Kampf ersparen, und der ältere Hund muß sich nicht in einen Kampf mit einem jüngeren und geschmeidigeren Gegner durchsetzen.

Bei Unsicherheit und Unterwürfigkeit werden die Mundwinkel nach hinten gezogen. Ist die Unsicherheit mit Aggressivität kombiniert, werden die Zähne entblößt, so daß man das ganze Gebiß sehen kann. Bei Sicherheit und Dominanz werden die Mundwinkel nach vorne geschoben. In Kombination mit Aggression werden ebenfalls die Zähne gezeigt. Aber in diesem Fall sieht man nur die Eckzähne und die Vorderzähne. Die meiste Muskulatur befindet sich in der Oberlippe, vor allem deshalb, damit die Zähne des Oberkiefers entblößt werden können. Die entblößten Zähne des Oberkiefers sind also ein Drohsignal. Dasselbe Signal bedeutet bei uns Menschen das Gegenteil: wir lächeln. Es gibt keinen Zweifel, daß ängstliche Hunde eine lächelnde Person häufig mißverstehen und als Bedrohung auffassen.

Kapitel 4: Lautsprache

Die Angehörigen der Hundefamilie haben eine bemerkenswert große Menge von Lauten zur Verfügung, um ihre Körpersprache zu ergänzen. Es gibt Laute für Zusammenrufen, Einsamkeit, Sehnsucht, Genuß, Machtdemonstration, Unwohlsein, Unterwerfung und vieles mehr. Es ist eine reiche Sprache mit vielen Variationen. Auch diese Sprache kann – wie die Körpersignale – alle möglichen Gefühle vermitteln.

So wie wir die Körpersprache und die Mimik unserer Hunde lesen lernen müssen, müssen wir auch lernen, die lauten Mitteilungen, die die Hunde verwenden, zu hören und deren Variationen zu verstehen.

Heulen

Das Heulen ist bei unseren modernen Hunden nicht so üblich. Bei ihren gemeinsamen Vorfahren, den Wölfen, spielt dieser Laut aber eine große Rolle. Untersuchungen haben gezeigt, daß er von einem tiefen Baß bis zu einem hohen Tenor variieren kann. Dieser Laut hat viele Funktionen.

Das Heulen der Wölfe demonstriert den Besitzanspruch eines Rudels auf ein bestimmtes Revier.

Zeigen des Reviers

Einer der Gründe, weswegen Wölfe heulen, ist die Demonstration ihres Reviers, ihres Territoriums. Das Heulen ist auch in weiter Entfernung gut zu hören und es ist für die anderen Rudel ein Hinweis, daß dieses Territorium besetzt und bewacht ist. Eine Art „Lautzaun". Wenn ein fremdes Rudel sich in das Gebiet wagen sollte und sie hören das Heulen, können sie auf diese Weise einer Konfrontation entgehen. Das Heulen hält die Parteien voneinander getrennt und verhindert dadurch Konflikte und Blutvergießen.

Zusammenhalt

Ein anderer Grund, weshalb Wölfe heulen, ist die Stärkung des Zusammenhalts im Rudel. Vor allem während der Jagd, wenn sie sich voneinander entfernt haben.

Dem Heulen im versammelten Rudel folgen viele Freudenäußerungen, Gunstbeweise und Unterwerfungssignale. Der Schwanz wedelt eifrig, die Wölfe schmiegen sich aneinander, und die Jüngeren lecken den Älteren an den Mundwinkeln. Sie scheinen ihr Heulen zu lieben.

Es beginnt damit, daß ein einzelner Wolf mit dem „Singen" beginnt. Sofort werden die anderen angesteckt. Unter großen Zärtlichkeitsbeweisen laufen sie untereinander herum, führen den Schnauzenstoß aus, lecken einander an den Mundwinkeln, kläffen und beginnen zu heulen. Zuerst etwas unsicher und zögernd, bald langgezogener und einmütig. Der Schwanz wedelt die ganze Zeit, die Töne steigen und fallen in harmonischem Rhythmus.

Beobachter solcher Heulsinfonien haben erzählt, daß die Wölfe offensichtlich ihren Gesang genießen. Er scheint die soziale Bindung zwischen den Gruppenmitgliedern zu stärken. Dadurch erinnert ihr Heulen an unseren eigenen Gesang in der Gemeinschaft. Weshalb? Es ist möglich, daß auch wir „in der Meute heulen", um unseren Zusammenhalt zu stärken. Ein Verhalten, das seit grauer Vorzeit tief in uns verwurzelt scheint. Man kann es auch vergleichen mit dem „Anfeuern" der Spieler seitens des Publikums bei einem Eishockey-spiel.

Gleichsam wie Wölfe stehen die Eishockeyspieler nahe beieinander. Sie legen einander die Arme auf die Schultern, reizen sich mit einem Ruf auf und „heulen" sich in eine Hochstimmung, bevor sie sich in das Spiel stürzen.

Das Heulen im versammelten Rudel stärkt den Zusammenhalt seiner Mitglieder.

Zusammenrufen

Ein weiterer Grund, um zu heulen, ist die Kontaktauf-nahme und das Zusammenrufen der Meutekameraden. Das Heulen wird weit über die Landschaft hinausgetragen. Es wird gezeigt, wenn die Wölfe voneinander getrennt sind.

Außerdem ist es allgemein üblich, daß die Meute sich im Sommer auflöst. Wenn Sie sich später in der Jahreszeit wiederum sammeln wollen, rufen sie sich gegenseitig mit ihrem Heulen.

Das Heulen scheint einen magnetischen Effekt auf Wölfe und Hunde zu haben. Sie gehen instinktiv zu dem, der heult. Deshalb ist dieses Mittel auch so gut geeignet, Hunden das Herbeikommen beizubringen. Man braucht bloß zu heulen und sogleich kommen die Hunde herbei. Doch sollte man diese Methode nur zurückhaltend anwenden und darauf verzichten, wenn andere Menschen in der Nähe sind. Man riskiert sonst, für etwas verrückt angesehen zu werden . . .

Man weiß heute, daß das Heulen der Wölfe individuell ist. Jeder Wolf heult auf seine eigene spezielle Art. Die Rudelmitglieder lernen ganz sicher die verschiedenen Besonderheiten innerhalb der Meute kennen, so daß sie sofort wissen, wer da heult.

Gegenseitiges Stimulieren

Das Heulen ist auch ansteckend. Heult einer, kann der andere nicht still sein. Gewisse Tonfrequenzen wirken als sogenannte Schlüsselstimuli. Das bedeutet, daß das Heulen eines Wolfes die Kameraden animiert, umgehend miteinzustimmen.

Das ist auch der Grund, weshalb unsere Hunde heulen, wenn wir selbst heulen oder auf bestimmten Musikinstrumenten spielen. Auch Sirenen und ähnliche Laute können einen solchen Schlüsselstimulius (Reiz) auslösen und unsere Hunde veranlassen, mit Heulen zu antworten. Sie werden davon angesprochen, weil er gleichzeitig ein Signal des Zusammenhaltes ist.

Früher glaubte man, daß es den Hunden in den Ohren weh täte, wenn man auf einem Musikinstrument spielte, und die Hunde zu heulen begännen. Aber bereits die Tatsache, daß die Hunde zu demjenigen, der spielt, hingehen, widerlegt dies. Außerdem kann man sehen, daß die Hunde dies gerne haben.

Einsamkeit

Hunde können ebenfalls vor Einsamkeit heulen, wie die Wölfe. Ein Hund, der alleine zu Hause gelassen wird, kann zu heulen beginnen. Er möchte Kontakt haben mit seinem „Rudel" – den Familienmitgliedern. Für ein Meutetier, wie den Hund, ist eine erzwungene, lang andauernde Einsamkeit ganz falsch. Für einen Hund, der viel allein ist, sind Zusammenhalt und Kontakt Mangelware. Ein erwachsener Hund kommt gut damit aus, einige Zeit alleine zu Hause zu sein. Aber es ist unnatürlich, wenn wie so häufig, Hunde gezwungen werden, sieben, acht oder noch mehr Stunden isoliert von ihrer „Meute" zu verbringen. Hier ist das Heulen der Hunde ein Symptom der Entbehrung.

Übung macht den Meister

Je öfter ein Hund das Heulen praktiziert, desto leichter ist es, ihn dazu zu animieren. Ein Teil der Hunde heult beim kleinsten Laut lang und ausdauernd. Es gibt Leute, die zu Hause nicht singen können, da ihr Hund sofort mit einstimmt.

Viele Hundehalter haben schon zusammen mit ihren Hunden geheult, nur um deren Heulverhalten zu studieren. Das ist höchst interessant. Ich möchte Sie daher auffordern, es selbst einmal zu probieren. Aber übertreiben Sie es nicht! Sie gehen sonst das Risiko ein, Ihren Hund so zu trainieren, daß er es mit der Zeit häufig tut, so daß Sie es später bitter bereuen. Der Heulton ist sehr durchdringend und kann Ihnen den wütenden Protest Ihrer Nachbarn eintragen.

Vor einiger Zeit haben einige an Wölfen Interessierte in Nordamerika eine „Heulexpedition" gestartet. Eine Gruppe zog hinaus in die Wildnis und begann wie ein Wolfsrudel zu heulen. Echte Wölfe antworteten fasziniert, und es war gar nicht selten, daß die Tiere sich der heulenden Gruppe näherten und daß beide einen Augenblick durch den „Gesang" miteinander verbrüdert waren, wie durch ein unsichtbares Band.

Bellen

Von allen Lauten ist das Bellen derjenige, der die größte Bedeutung hat. Ein Hund kann bellen, um die Aufmerksamkeit auf etwas zu richten oder von etwas abzulenken, um zu warnen oder zu bewachen, als Spielaufforderung, um zu drohen oder einzuschüchtern, weil er Angst hat oder bei der Jagd. Er kann auch anstelle eines Angriffs bellen, zum Beispiel in Situationen, in denen er angebunden ist, sich hinter einem Zaun befindet oder in einem Auto sitzt. Das Bellen kann hell oder dunkel sein, kurz oder langgezogen.

Das Erregen von Aufmerksamkeit

Hunde finden schnell heraus, daß sie Aufmerksamkeit erregen, wenn sie bellen. Allerdings ist es keine angenehme Aufmerksamkeit, die sie dadurch erregen, sie werden oft dafür ausgeschimpft. Aber auch hierdurch zeigt man dem Hund seine Aufmerksamkeit, der dies als eine Art der sozialen Belohnung auffaßt. Es bedeutet wenig, wenn dies in einem zornigen Tonfall geschieht. Das, was wir als eine Bestrafung des Hundes ansehen, nämlich daß wir wütend werden, wird statt dessen als eine Belohnung verstanden, mit der Aufforderung, damit weiterzumachen.

Wenn man mit Hilfe eines Trainings versuchen möchte, diese Art des Bellens, welche mit der Zeit eine Form von regelrechtem Terror annehmen kann, zu beseitigen, sollte man den Hund, während er bellt, nicht bestrafen. Das verstärkt nur den Ungehorsam. Es ist weitaus erfolgreicher, sofort den Raum zu verlassen, wenn der Hund mit dem Bellen beginnt. Oder dafür zu sorgen, daß er in anderen Situationen so viel Aufmerksamkeit erhält, daß er nicht auf diese Art danach zu streben braucht.

Durch Bellen versuchen Hunde Familienmitglieder auf sich oder etwas anderes aufmerksam zu machen, z. B. ein Tier am Waldrand.

Eine normale Aufgabe des Bellens ist es, die Aufmerksamkeit der Kameraden, also der Familienmitglieder, auf sich oder auf etwas anderes zu richten.

Das kann eine Person sein, die sich nähert, oder ein Tier am Waldrand. Es ist eine Grundfunktion des Bellens. Viele glauben, daß ein Hund bellt, um etwas, das er entdeckt hat und das unheimlich wirkt, zu erschrecken. Hunde bellen vor allem, um ihren Kameraden Bescheid zu geben, daß da etwas kommt oder so nahe bei der Meute ist, daß dadurch eine Bedrohung entsteht. Erst in zweiter Linie möchte er mit seinem Bellen einen eventuell Fremden erschrecken.

Vor Gefahr warnen

Es war das warnende Bellen, das vor 10 000 bis 15 000 Jahren den Grundstock für eine Verbindung zwischen unseren und den Vorfahren unserer Hunde bildete. Hunde hören und riechen gut, so daß sie Feinde frühzeitig entdecken können. Mit ihrem Bellen können sie dann vor Gefahren warnen und die Aufmerksamkeit auf den Unwillkommenen lenken.

Oft bewegt sich der bellende Hund gegen den „Feind". Manchmal nur mit wenigen, ganz schnellen Schritten, aber häufig rast er auch auf ihn zu. Das Bellen besteht aus einem kurzen, schnellen, sich wiederholenden Kläffen im Stakkato. Hunde entfernen dabei selten ihre Augen von dem, was sie anbellen.

Probleme durch das Bellen

Diese Art des Bellens, um die Aufmerksamkeit auf etwas zu richten, kann oft zu einem Problem werden. In hohem

Grade durch unser eigenes falsches Verhalten bedingt. Mit unserem aufgeregten Versuch, den bellenden Hund zu dämpfen, reizen wir ihn nur noch mehr. Er begreift, daß wir erregt sind und ihn bei der Lösung seiner wichtigen „Aufgabe" unterstützen wollen.

Bellen kann Alarm bedeuten

Bellen, aus der Sprache des Hundes direkt übersetzt, kann „Alarm" bedeuten. Der Hund alarmiert seine Kameraden und warnt sie, daß sich ein Feind nähert. Wenn man daran denkt, wird das Verständnis für die Fehler, die man begeht, größer, und man sieht, wie man sich verhalten soll, um das Richtige zu tun.

So zum Beispiel, wenn Hunde gewaltig schimpfen, wenn es an der Tür klingelt. Es geht ja nicht darum, denjenigen, der da kommt, zu erschrecken. Sondern es handelt sich um die Mitteilung, daß da jemand kommt. Ist er allein zu Hause, und es klingelt an der Tür, geschieht es selten, daß er bellt. Er hat ja niemanden, den er alarmieren könnte.

Stellen Sie sich einmal einen typischen ruhigen Abend zu Hause vor. Vater sitzt in seinem schönen Lehnstuhl und hat es sich mit der Zeitung gemütlich gemacht. Im Schlafzimmer liegt der Hund in tiefem Schlaf auf dem Bett. Das kleine Kind ist dabei, ins Bett zu gehen. Das Haus liegt in tiefem Frieden . . .

Da läutet es an der Tür!

Noch bevor die Glocke ausgeläutet hat, ersäuft man gewissermaßen im heftigen Gebell des Hundes. Man hört, wie der Hund, wild bellend, förmlich vom Bett fliegt. Quer durch alle Zimmer und hinaus zur Haustür geht dann die wilde Jagd.

Es hat geklingelt. Gemeinsam stürmen Herr und Hund zur Tür.

Der Hund bellt bei jedem Sprung. Das klingt nicht länger wie ein Hund, nein, eher wie eine Kreuzung zwischen einem Krokodil und einer Maschinenpistole!

Als er an Vater vorbeirast, der in seinem Stuhl sitzt und bei jedem Bellen zusammenzuckt, wirft er ihm einen kurzen Blick zu und rast weiter zur Tür.

Der Hausherr ist empört und wütend. „Verdammter Hund", ruft er, schmeißt die Zeitung weg und rennt hinter dem Hund her. Er bleibt ihm dicht auf den Fersen und fordert ihn brüllend auf, ruhig zu sein: „Sei still! Ruhig! Halt das Maul! Verdammter Hund!" Das letzte Stück zur Tür läuft der Hund, wild bellend, mit dem brüllenden Vater hinter sich.

Hat der Hund die Tür erreicht, springt er mit wildem Gebell dagegen, als wolle er versuchen, direkt durch sie hindurchzuspringen. Der verzweifelte Hundebesitzer beugt sich nieder zu seinem Hund und schreit ihm in die Ohren: „Halt's Maul!"

Doch der Hund bellt nur noch mehr. Mit vor Zorn rotem Kopf faßt Vater den bellenden Hund am Nackenfell, schüttelt ihn ein paarmal hin und her und schreit: „Ich sage, halt's Maul!"

Aber der Hund bellt nur noch wilder. Der arme Hundebesitzer ist mit seinem Latein am Ende. Er schlägt den wild bellenden und springenden Hund mit der Hand. Die Schläge treffen dessen Rücken, aber in seinem erregten Zustand scheint der Hund dies gar nicht zu beachten. Er gebärdet sich wie rasend . . .

Hier wollen wir diese so alltägliche Geschichte einmal kurz unterbrechen. Wir wenden uns dem Hund zu und beobachten, wie sich diese Geschichte abspielt, wenn man sie mit den Augen des Hundes betrachtet. Bevor wir beginnen, erinnern wir uns daran, daß Hunde bellen können, um die Meutekameraden vor etwas Unerwartetem zu alarmieren. Hunde rechnen damit, daß wir Familienmitglieder uns wie gute Kameraden aufführen, helfen und zueinanderstehen.

Wir gehen nun zu dem Zeitpunkt zurück, unmittelbar bevor das Unglück mit dem Läuten an der Tür begann. Die Welt atmet Frieden, man hört Vater in der Zeitung blättern. Der Hund auf dem Bett schläft tief mit dem Kopf auf dem Kissen. Er träumt behaglich . . .

Plötzlich klingelt es an der Tür!

Mit einem Sprung startet der Hund aus dem Bett und bellt aus vollem Hals. Übersetzen wir diese Lautäußerung in die Menschensprache, so bedeutet dies: „Alarm! Alarm!"

Der Hund springt auf den Fußboden und rast zur Tür. Die ganze Zeit, bei jedem Sprung, ruft er: „Alarm! Alarm! Da kommt etwas! Alle Meutekameraden kommt mit zur Tür!"

Der Hund rennt in wilder Jagd an seinem Herrchen vorbei. Der arme Mann sieht ganz bleich und angespannt aus. Der Hund wirft ihm im Vorbeirasen einen Blick zu, der übersetzt bedeutet: „Komm mit, Herrchen, hilf mir!"

Und was für ein tolles Herrchen! Die Zeitung – sein allerliebstes Spielzeug – wirft er auf den Boden, bloß um hinauszurennen und zusammen mit seinem Hund zu schimpfen. Und wie er doch schimpfen kann! Ja, noch besser als sein Hund. Eine schnelle Übersetzung von Herrchens wildem Ausbruch in die Hundesprache bedeutet: „Wau! Wau! Wau! Wau!"

Der Hund fühlt sich durch seinen Herrn unterstützt, während die beiden gemeinschaftlich mit viel Lärm zur Tür rasen. Direkt an der Tür gibt der Hund nun sein Bestes. Er schimpft, so laut er kann, und springt gegen die Tür. Aber das ist offensichtlich nicht genug für seinen Herrn. Der beugt sich nieder und schreit nun so richtig erregt direkt in das Ohr des Hundes: „Wau! Wau! Wau!". Der Hund wird angestachelt, sich aufs äußerste anzustrengen, und es gelingt ihm auch, noch zuzulegen.

Aber dies reicht offenbar immer noch nicht. Um noch mehr aus ihm herauszuholen, faßt Herrchen seinen Hund an der Nackenhaut und schüttelt ihn hin und her. Wirklich äußerst animierend. Der Hund steigert sich noch einmal.

Doch offenbar reicht es immer noch nicht. Spätestens zu diesem Zeitpunkt, wenn der Hund schon äußerst erregt ist, langt ihm Vater eines über den Rücken. Der leichte Schmerz bewirkt, daß der Hund die letzten Hemmungen über Bord wirft. Gleichzeitig wirft er seinem Herrn einen dankbaren Blick zu, der bedeutet: „Danke, Herrchen! Ich bin bereit! Schließ Du nur die Tür auf, ich werde dann zubeißen!"

Verschiedene Möglichkeiten, Aufmerksamkeit zu erregen

Ein Hund kann auf verschiedene Arten die Aufmerksamkeit auf sich lenken. In Verbindung mit der Begrüßungssituation ist es bei Welpen üblich, daß sie einen kleinen Tropfen pinkeln, um Unterwerfung zu zeigen. Die Welpen erreichen damit, daß sich bei der Begrüßung die Aufmerksamkeit mehr dem Pinkelfleck als dem Welpen zuwendet.

Ein Erwachsener, selbstsicherer Hund gebraucht das B e l l e n , um die Aufmerksamkeit anderer zu erregen. Er kann auf diese Art aber auch die Aggression eines ihn provozie-

renden Hundes dämpfen. Wenn ein Hund sich in einer aussichtslosen Situation mit einem anderen Hund befindet, der ihn zu einer Beißerei provozieren will, kann er durch Bellen dessen Aufmerksamkeit von sich ablenken. Er stößt dabei ein gedämpftes Bellen aus, das am ehesten wie „Wuff" klingt, und starrt gleichzeitig Richtung Waldrand oder auf einen Punkt in weiter Ferne. Oft schaut der Angreifer sofort in die gleiche Richtung und beginnt ebenfalls zu schimpfen. Vielleicht rasen sie bellend auf das „Unbekannte" zu, und es wird nichts aus der Beißerei.

Wie man an einen Knochen kommt

Ein Hund kann mit ablenkendem Bellen einen anderen Hund auch betrügen. Vor einiger Zeit beobachtete ich zwei Hunde. Der eine lag da und nagte an einem leckeren Knochen. Der andere platzte fast vor Neid. Er wollte den Knochen ebenfalls gerne haben, wagte es jedoch nicht, hinzugehen und ihn sich einfach zu schnappen. Der glückliche Besitzer des Knochens knurrte warnend, wenn der Neider ihm zu nahe kam. So gar nichts ließ darauf schließen, daß er Besitzer zumindest eines Teils dieses Knochens werden könnte. Selbst kläffende Einladungen zum Spiel oder viele tänzelnde Sprünge schienen den Hund mit dem Knochen, der da lag und voller Genuß nagte, nicht zu beeindrucken.

Da plötzlich begann der neidische Hund laut zu schimpfen und raste zehn Meter in Richtung einer Wiese. Der Inhaber des Knochens spuckte diesen aus und rannte erregt hinter ihm her. Er begann ebenfalls wie wild zu bellen – nach nichts! Betrogen! Der andere Hund vollführte eine blitzschnelle Wendung, rannte zurück, warf sich über den Knochen und genoß seine Beute, scheinbar sehr zufrieden mit sich selbst. Das Gesicht des anderen Hundes drückte eine Mischung aus großem Erstaunen und tiefer Enttäuschung aus und außerdem etwas, das mir zu erkennen gab, daß er genau wußte, daß er angeschwindelt worden war.

Erpressung

Wenn ein Hund gerne etwas haben will, das er nicht selbst bekommen kann, wird er oft bellen. Wenn es sich zum Beispiel um einen Leckerbissen oder ein Spielzeug handelt, an das der Hund nicht selbst herankommen kann, kann dies zum Bellen führen. Das ist dann sicherlich eine Mischung aus Frustration (weil er etwas nicht erreichen kann, das er gerne haben möchte) und gleichzeitig eine Meldung an die Umwelt, daß er Hilfe braucht.

Die Personen, die in der Nähe sind, stören sich häufig an diesem unaufhörlichen Gebell. Um Frieden zu erhalten, helfen sie dem Hund, damit er bekommt, was er sich wünscht. Aber das sollten sie nicht tun, denn dadurch lernt der Hund den Wert seines Bellens als Möglichkeit der Erpressung überhaupt erst richtig kennen. Der Hund wird nun in jeder Situation, in der er etwas haben will, bellen. Früher oder später wird auch jemand kommen, der ihm hilft. Reinste Erpressung!

Beispielsweise kann ein Hund aber auch gegen die Tür bellen, um hinauszukommen. Man kann dies dann eigentlich nicht Erpressung nennen, wenn er nicht zur Unzeit und nicht ständig hinaus möchte. Es ist manchmal ein Vorteil, wenn die Hunde uns erzählen können, was sie wollen.

Aufforderung zum Spiel

Ein spezielles, helleres Bellen mit kurzem Kläffen kann eine Einladung zum Spiel sein. Die Hunde gehen dabei mit den Vorderbeinen nach unten, das Hinterteil ragt gleich einer Fahne in die Luft und der Schwanz wedelt. Gleichzeitig mit dem Bellen des Hundes, ruckt dieser mit dem ganzen Körper, als ob das Bellen aus jedem einzelnen Muskel käme. Dieses Bellen bedeutet: „Spiel mit mir. Jag mich." Diese Aufforderung ist also eine Aufforderung zum Jagdspiel, nicht zum Kampfspiel, und es wird vom Eingeladenen oft mit knurrenden Lauten und Körperkontakt abgebrochen.

Dieses zum Spielen auffordernde Bellen wenden Hunde oft gegenüber Menschen an. Sie sollen ihnen nachlaufen und probieren, sie zu fangen.

Die Einladung zum Spiel beginnt mit einem hellen Bellen mit kurzem Kläffen.

Mit einem Stock im Maul versucht der Hund sein Herrchen zu animieren, ihn zu jagen.

Oft wird das Bellen damit kombiniert, daß der Hund als Versuchung einen Gegenstand, zum Beispiel einen Stock, im Maul trägt. Der Sinn davon ist, daß man nicht widerstehen können soll, ihn zu jagen.

Mit einem Kleidungsstück auf und davon. Und schon beginnt die wilde Jagd.

83

Ein Teil der Hunde lernt schnell, daß Herrchen oder Frauchen in Fahrt kommen, wenn sie etwas nehmen, was sie nicht dürfen. Es folgt eine gewaltige Aktivität bei den Familienmitgliedern, wenn der Hund einen Handschuh oder einen Hut genommen hat, die Kinder schreien. Herrlich! So erscheint dies jedenfalls dem Hund. Je mehr man den Hund in dieser Situation jagt, desto schwerer hat man es und desto öfter wiederholt sich das.

Drohendes Bellen

Wie so vieles mißverstehen wir das Bellen der Hunde oft, weil wir nicht auf die Nuancen achten. Viele glauben, daß ein Hund bellt, weil er wütend ist. Aber das ist er selten. Bellen ist eher ein Ausdruck der Unsicherheit. Ein Hund, der sicher und aggressiv ist, bellt selten. Aber es kann geschehen, doch dann ist dies ein tiefes Bellen, oft verbunden mit einem tiefen, rumpelnden Knurren.

Ein Hund, der sicher und gleichzeitig wütend ist, bleibt relativ ruhig, zeigt sich nicht besonders erregt. Er bellt nicht so viel. Bellen gehört mehr zu den streßbetonten Gefühlslagen, so zum Beispiel bei Freude oder Angst. Das erklärt auch, weshalb man einem Hund „das Bellen" leichter beibringen kann, wenn man ihn streßt, als wenn man nur ruhig mit ihm redet.

Jagd und Verfolgung

Das Bellen der Jagdhunde hat viele verschiedene Variationen. Wiederholtes Bellen beim Stöbern, anhaltendes Bellen bei der Verfolgung – bis zum festeren Standlaut. Aber das hängt mit dem Verhältnis des Hundes zum Beutetier zusammen. Deshalb ist es als Sonderfall für dieses Buch nicht so interessant, um extra beschrieben zu werden. Was wir hier beschreiben wollten, ist das Bellen als eine direkte Kommunikation zwischen Hund und Mensch sowie zwischen den Hunden untereinander.

Knurren

Knurren ist der Laut des Hundes, der am häufigsten falsch übersetzt, mißverstanden oder dem gegenüber verkehrt reagiert wird.

Wir Menschen glauben, daß das Knurren ein Ausdruck für Aggressivität ist. Das trifft jedoch fast nie zu. Es gibt verschiedene Arten von Knurren, genauso wie es verschiedene Arten von Bellen gibt. Knurren ist entweder eine Drohung oder eine Warnung. Aber normalerweise ist diese Ausdrucksform ein Zeichen der Unsicherheit und nicht der Selbstsicherheit. Es zeigt eher mangelndes Vertrauen an, als mangelnden Respekt.

Es gibt viele Hunde, die wurden geschlagen, geschüttelt, gezwickt, ausgeschimpft, ja, sogar getötet, und nur deshalb, weil sie geknurrt hatten. Knurren bedeutet jedoch beinahe immer: „Ich habe Angst. Ich vertraue Dir nicht. Ich bin so ängstlich, daß ich daran denke, zur Selbstverteidigung zu beißen, wenn Du weiter machst." Im Knurren ist in der Regel nicht die geringste Provokation zu entdecken. Nur Unsicherheit. Nicht der geringste Angriffswille, nur Widerwille gegen die Situation. Nicht der geringste Versuch, sich zu behaupten, nur das Anzeigen fehlenden Vertrauens. Wir Menschen

Knurren ist ein Zeichen von Unsicherheit und kein Zeichen von Angriffslust.

haben es schwer, die Angst des Hundes, die sich hier zu erkennen gibt, wahrzunehmen. Wir reagieren mit Unverständnis, weil wir selbst so überempfindlich gegenüber Aggression und voller Selbstbehauptungswillen sind. Wir mißverstehen ein Knurren deshalb, weil wir schnell – aber verkehrterweise – glauben, daß der Hund einen Sieg über uns errungen habe, wenn er uns erfolgreich anknurren konnte, ohne dafür bestraft zu werden. **Aber darum handelt es sich überhaupt nicht!**

Wenn ein Hund zum Beispiel bei seiner Mahlzeit oder wegen eines Knochens oder eines Spielzeugs knurrt, erzählt er uns in seiner eigenen deutlichen Sprache nur, daß er uns nicht vertraut. Der Hund glaubt, wir wollen ihm seinen Besitz wegnehmen. Er weiß nicht, daß wir zum Beispiel keine Knochen essen. In einer solchen Situation wird eine Abstrafung das Vertrauen zu uns nicht fördern.

Andere Hunde gehen einem knurrenden Hund meistens aus dem Weg. Dies gilt jedoch dann nicht, wenn es sich um ein richtig starkes, provozierendes Knurren gegen einen Hund handelt, der gleichwertig an physischer und psychischer Stärke ist. Hier kann sich das Ganze steigern und in einer Beißerei enden.

Daß ein Hund vor einem anderen, der knurrt, abdreht, hat nichts mit Rangfolge oder Prestige zu tun. Denn es kann ebensogut ein rangmäßig hochplaziertes Tier sein, das ihm aus dem Weg geht. Aus dem einfachen Grund, weil die Hunde einander so gut verstehen, gehen sie sich aus dem Weg. Auch wir sollten ihm aus dem Weg gehen, wenn ein Hund knurrt. Er „gewinnt" dabei nicht gegen uns. Wir zeigen bloß, daß wir verstehen, daß er ängstlich und unsicher ist, und wir geben ihm eine Chance, Vertrauen zu uns zu bekommen.

Das Bewachen der Mahlzeit

Daß ein Hund sein Fressen bewacht, entspricht seiner Wertschätzung dieser Mahlzeit gegenüber. Vielleicht ist er gerade sehr hungrig. Es kann auch sein, daß er kein Vertrauen zu den Menschen (oder Hunden) hat, die in seine Nähe kommen. Dieses Problem kann auf einfache Art gelöst werden. Wenn man ihn knurren hört, läßt man dies zu. Man unterläßt es überhaupt ganz, darauf zu reagieren. Auf diese Weise versteht der Hund, daß wir nicht daran interessiert sind, mit ihm um seine Mahlzeit zu konkurrieren.

Eine andere Möglichkeit, die sich in vielen Fällen als sehr erfolgreich erwiesen hat, um die übersteigerte Verteidigungshaltung beim Fressen abzubauen, ist die, den Hund satt zu machen, bevor man ihm seine Mahlzeit reicht. Ein satter Hund bewacht nicht im gleichen Maße sein Fressen. Die Mahlzeit bedeutet ihm dann ja nicht mehr so viel. Es ist vor allem der Hunger, der den Hund dazu bringt, seine Mahlzeit mit Knurren zu verteidigen.

Man kann die Sattheit auch künstlich durch Einwirkung auf den Hypothalamus verursachen. Der Hypothalamus ist ein Zentrum im Gehirn, das unter anderem die Zusammensetzung sowie verschiedene Komponenten einschließlich der Temperatur des Blutes abliest. Der Hypothalamus ist wie ein Raumthermostat, der die Temperatur abliest und danach seine Befehle an die Empfänger weitergibt. Dies ist natürlich sehr vereinfacht dargestellt.

Bei Hunger ist das Blut relativ arm an Blutzucker und einigen anderen Nahrungsstoffen. Bei Sattheit hat das Blut einen höheren Gehalt an diesen Stoffen. Ich habe nun einen Versuch mit hungernden und damit futterbewachenden Hunden durchgeführt. Dabei habe ich diesen Hunden einige Zeit vor der Mahlzeit Traubenzucker gegeben. Traubenzucker wird vom Körper leicht aufgenommen. Er wird als Blutzucker zum Gehirn transportiert und dort vom Hypothalamus als ein Zeichen für Sattheit abgelesen. Je nach Körpergewicht gibt man dem Hund 1 bis 2 Tabletten 8–10 Minuten vor der Mahlzeit. (Der Zeitpunkt kann individuell sein). Die Tabletten kann man in den meisten Geschäften kaufen. Wenn man dann später dem Hund seine Mahlzeit serviert, hat er nicht die gleichen Hungergefühle wie sonst. Er frißt ruhiger und bewacht weniger. Die Mahlzeit ist weniger dramatisch. Nach ein bis zwei Wochen kann das Problem ganz verschwunden sein. Ist das Problem des übersteigerten Bewachens der Mahlzeit oder des Knochens geblieben, sollte dieses analysiert und eingehender behandelt werden. In so einem Fall möchte ich auf mein Buch „Problemhunde und Hundeprobleme" hinweisen.

Das drohende Knurren

Es gibt eine Art des Knurrens, die ernst gemeint ist. Ein tiefes, baßartiges Knurren, provozierend und spannungsvoll. Es kommt gewöhnlich unmittelbar vor der Einleitung eines Angriffes. Es ist gewiß ein Bestandteil der „Schreckpropaganda" des Hundes. Die Hunde übermitteln zuerst ein ganzes Register von Seh- und Hörsignalen, um den Gegner abzuschrecken, bevor sie eine Beißerei beginnen (siehe Abschnitt „Brüllen").

Diese Form des Knurrens richtet sich nur äußerst selten gegen Menschen. Man hört es meist in der Verbindung mit einer Beißerei. Wenn man es einmal zu hören bekommt, hat man keinerlei Zweifel an dessen Bedeutung. Es geht einem durch Mark und Bein.

Winseln und Kläffen

Kleine Welpen haben eine Menge verschiedener Winsellaute. Diese können variieren von kläffenden bis zu zischenden Lauten. Selbst erwachsene Hunde können Winsellaute hervorbringen, die an Welpenlaute erinnern.

Diese Laute werden bei der aktiven Unterwerfung, zum Beispiel bei der Begrüßung eines dominanteren Hundes oder einer Person, gebraucht. Sie werden mit der Körperhaltung und Mimik kombiniert, die Unterwerfung zeigen.

Wenn erwachsene Hunde diese Laute verwenden, machen sie sich klein und welpenähnlich – kindlich – gegenüber dem Dominanteren. Kindlichkeit (Welpenähnlichkeit) ist Bestandteil der aktiven Unterwerfungsdemonstration.

Schreien

Ein Hund, der gewaltig erschreckt, schockiert oder verletzt wird, schreit vor Entsetzen oder vor Schmerz. Es ist ein langer, hoher und schriller Schrei, kräftig und angsterfüllt.

Dieser Laut kann manchmal einen furchtbaren Einfluß auf andere Hunde in der Nähe haben. Die können sich nämlich auf den Schreienden werfen und ihn schlimm beißen. Der Schreiende löst bei den anderen eine Beutereaktion aus, ganz so, als wäre er ein Beutetier, das in Todesangst schreit. Es entspricht genau der Situation, in der ein Raubtier zu seinem tödlichen Angriff ansetzt, die sichere Mahlzeit vor Augen.

Ich hatte einmal einen solchen Fall in einem Dressurkurs. Es war eine Colliehündin, die bei einem Spiel Pech hatte und zu schreien begann. Mehrere der anderen Hunde, die mitgespielt hatten, warfen sich daraufhin auf sie und verletzten sie schwer.

Falls Sie etwas ähnliches erleben, greifen Sie sofort ein. Es ist sonst eine goldene Regel, daß man sich nicht einmischen soll, wenn zwei Hunde eine „Auseinandersetzung" haben, es sei denn, daß sich eine blutige Beißerei entwickelt, oder wenn der eine gegen den anderen gewinnt. Aber das gilt nicht für diese Situation. So schnell wie überhaupt möglich soll man den angegriffenen Hund retten und beschützen.

Man braucht nie einzugreifen, solange eine Streiterei zwischen zwei Hunden richtig, das heißt, nach den ungeschriebenen Regeln der Hunde, und damit ohne Blutvergießen, vor sich geht. Aber sobald einer die Oberhand gewinnt und nicht aufhören möchte, sollte man sie sofort trennen, ebenfalls, wenn einer zu bluten oder schreien beginnt. Ein Streit ist auch dann zu unterbrechen, wenn der eine Hund sich ergibt und der andere die Unterwürfigkeit nicht akzeptiert.

Wenn ein Hund vor Entsetzen schreit, hat er wahrscheinlich einen Schock bekommen. Dies ist eine schlimme Sache, die psychische Folgen für den Rest seines Lebens haben kann.

Es gibt kein allgemein anerkanntes Mittel gegen Schock. Aber ich habe mit Beruhigungsmitteln vielversprechende Ergebnisse erzielt. Das wichtigste ist, daß der Hund das Beruhigungsmittel – gewöhnlich in hoher Dosierung – spätestens eine Stunde nach der Schockeinwirkung bekommt. Danach muß man dem Hund einige Tage lang etwas Beruhigendes geben. Eine genauere Beschreibung des Schocks und der Schocksymptome können Sie in „Problemhunde und Hundeprobleme" nachlesen.

Brüllen

Die Angehörigen der Hundefamilien haben furchtbare Waffen, die mit scharfen Reißzähnen bewehrten Kiefern. Aber sie haben auch eine lange Reihe von Ausdrucksformen, die den Einsatz der todbringenden Zähne gegenüber Artgenossen verhindern sollen. Das Brüllen ist einer der Laute, der als Teil dieser Ausdrucksform dient, mit dem Ziel, unnötiges Blutvergießen zu vermeiden.

Das Brüllen im Kampf soll den Gegner erschrecken und die eigene Kampfeslust stärken. So kann der Einsatz der Zähne vielleicht vermieden werden.

Eine Beißerei zwischen Hunden ist meist eine Vorführung verschiedener Techniken der Abschreckung.

Wenn zwei Hunde eine Beißerei beginnen, brüllen sie ihre Wut hinaus in einer Art, die für Menschen wie eine haarsträubende Mischung aus Schreien und Knurren klingt. Die Absicht dabei ist, den Gegner zu erschrecken, die eigene Kampfeslust zu stärken und richtig wütend zu klingen.

Auf diese Art müssen sie in der ersten Runde ihre Zähne nicht gegeneinander einsetzen, und wenn doch, dann nicht zu nachdrücklich. Dieses Verhalten wirkt wie eine Art Schauspiel anstelle der richtigen Aggression.

Niesen und Schnauben

Genau wie wir Menschen, niest auch ein Hund, wenn ihn etwas in der Nase kitzelt.

Aber es scheint eine Art von Niesen, besser Schnauben zu geben, die auf andere wie ein Signal wirkt. Dieser Laut ist etwas kürzer und nicht so laut wie ein richtiges Niesen. Oft kommt gleichzeitig ein kleines Brummen von den Stimmbändern, eine Art Knurren in Verbindung mit einem Ausblasen durch die Nase.

Dies wirkt wie ein Alarmsignal auf andere Hunde, aber es ist diskreter als ein Bellen. Er hört sich an als wollten die Hunde die Aufmerksamkeit der anderen erregen, ohne sich selbst gegenüber einer Beute oder einem Feind zu verraten.

Vielleicht will der Hund durch dieses Verhalten zuweilen auch nur seine Nase freimachen, um die Geruchswahrnehmung zu verbessern, und als unbeabsichtigter Nebeneffekt erregt dies gleichzeitig die Aufmerksamkeit der anderen.

Seufzen

Manche Hunde geben einen seufzenden oder stöhnenden Laut von sich, wenn sie sich niederlegen und sich wohl fühlen. Dieser Ton entsteht, indem sie die ausströmende Luft mit der Kehle bremsen. Dies ist in erster Linie sicher ein Zeichen des Wohlbehagens, aber es kann auch eine Mitteilung für einen anderen Hund sein, der sich in der Nähe aufhält. Zum Beispiel, wenn Ihr Hund in Ihrem Schoß liegt. Den nahen Körperkontakt, den ein Hund dadurch bekommt, quittiert er mit diesen stöhnenden Welpenlauten, um zu unterstreichen, daß er diesen engen Kontakt schön findet.

Hunde erfassen die Tonhöhe

Die amerikanische Kommunikationsforscherin Patricia McConnel (1986) hat eine Theorie untersucht, die davon ausgeht, daß die Fähigkeit, Laute hervorzubringen, die andere Tiere stimulieren und aufmuntern – aber auch dämpfen und beruhigen können – bei Tagsäugetieren erblich ist. Dies gilt auch für die Reaktion auf solche Laute.

Sie hat bewiesen, daß man beim Training von Hunden überall in der Welt zum Aufmuntern und Stimulieren den gleichen Typ von Lauten verwendet. Auf die gleiche Art verwendet man auch einen ähnlichen Tonfall, wenn man schimpft, beruhigt oder einen Hund bremst. Die Worte sind von Sprache zu Sprache unterschiedlich, der Tonfall aber ist der gleiche. Tiere gebrauchen den gleichen Tonfall bei ihrer Kommunikation untereinander. Wenn sie sich unterwerfen wird der Tonfall zum Beispiel heller, und wenn sie wütend werden, wird er dunkler.

Um einen Hund im Training aufzumuntern und zu stimulieren, verwendet man kurze, sich wiederholende Laute mit hohem Ton und geht dabei mit der Stimme rauf und runter.

Wenn er einen Hund beschimpft, beruhigt, bremst oder stoppt, verwendet der Mensch langgezogene, langsamere Laute in dunklerer Tonlage, häufig mit kräftiger Stimme.

Das Bellen des Hundes klingt zum Beispiel heller, wenn er glücklich ist. Wenn er droht, wird der Ton tiefer, genau wie bei uns Menschen. An der Tonlage des Knurrens können Sie hören, ob der Hund es ernst meint oder drohen will, oder ob er Angst hat. Ein helles Knurren bedeutet Furcht.

Viele behaupten, daß ein Hund vor Männern mehr Respekt als vor Frauen habe. Kann das daran liegen, daß die dunklere Stimme des Mannes dominanter klingt? Persönlich glaube ich jedoch nicht, daß die Tonlage eine so große Rolle im Verhältnis des Hundes zu Mann oder Frau spielt. Ein Mann tritt gegenüber einem Hund gewöhnlich einfach autoritärer auf und das reicht gewöhnlich aus, um vom Hund respektiert zu werden.

Kapitel 5: Berührung

Hunde berühren sich oft gegenseitig, genauso wie sie uns Zweibeiner berühren. Es sind zuerst zwei Arten der Mitteilung, die durch die Berührung vermittelt werden. Die eine ist die übliche Berührung, die der „Abstandsverminderung" dient. Die andere ist der „abstandsvergrößernde" Kontakt, der provozierend oder drohend ist.

Ein leichter Schnauzenstoß zur freundlichen Kontaktaufnahme.

Kontakt-
aufnahme durch
gegenseitige
Berührung.

Der alltägliche Kontakt besteht darin, daß der Hund mit
seinem Gesicht einen Teil des Gesichtes eines anderen Hundes berührt. Oder, was den Menschen betrifft, dessen Hände.
Ein Hund kann mit der Schnauze leicht stoßen, vorsichtig
liebkosen oder sich einfach gegen etwas reiben. Aber eine
freundliche Kontaktaufnahme mit uns kann auch mit den
Pfoten gestaltet werden – entweder in Form einer leichten
Berührung oder auch als ein kräftiges Kratzen. Diese Art der
Kontaktaufnahme wird oft mit verschiedenen Untertänig-
keitssignalen unterstrichen: Die Ohren werden nach hinten
gedreht, die Mundwinkel etwas nach hinten gezogen, Leckbewegungen mit der Zunge ausgeführt, der Schwanz wird
niedergehalten, verhaltenes Kläffen u. a. Hunde brauchen
jedoch nicht unbedingt alle Signale auf einmal zu zeigen – es

97

geht auch ausgezeichnet mit einer geringeren Auswahl. In dieser Situation vermeiden es zwei Hunde sorgfältig, Augenkontakt miteinander aufzunehmen. Das könnte als eine Drohung mißverstanden werden. Probieren Sie selbst einmal in einer solchen Situation, Augenkontakt mit einem Hund aufzunehmen. Sie werden entdecken, daß er sich bemüht, den Kopf wegzudrehen.

Die gewöhnliche Art, Kontakt zu schaffen, ist leicht zu erkennen. Denken Sie daran, wie oft der Hund seinen Kopf in unseren Schoß legt, „Pfote gibt" oder mit der Schnauze gegen Arm oder Hand stößt.

Die gewöhnliche „abstandsvermindernde" Berührung sieht man vor allem bei der Fellpflege, beim Sex und beim Spiel zwischen den Hunden.

Pflege

Das Pflegeverhalten wird normalerweise von der Hündin gezeigt, die sich so ihren Welpen widmet. Die Hündin leckt den Kleinen den Bauch oder wäscht ihnen mit der Zunge kräftig den Pelz. Es kann auch oft eine andere Hündin sein, die bei der Pflege mithilft.

Das Massieren des Bauches mit der Zunge ist wichtig, um so die Darmbewegung bei den kleinen Welpen zu stimulieren. Die Hündin leckt ihre Welpen auch, um sie sauberzuhalten. Sie nimmt vor allem deren Urin und Stuhlgang auf, da diese der Haut schaden können. Daß erwachsene Hunde einander pflegen, ist weniger häufig als zum Beispiel bei Katzen. Aber bei Hunden, die ein besonders gutes Verhältnis zueinander entwickelt haben, wird dies dennoch gezeigt. Man kann sehen, daß derjenige, der mit einer liebevollen, rauhen Zunge geleckt wird, dieses zu genießen scheint.

In einer Familie hatte man einen Welpen behalten, nachdem die Hündin, ein Flatcoated Retriever, einen Wurf gehabt hatte. Selbst als dieser Welpe über ein Jahr alt war, „wusch" ihn seine Mutter noch jeden Morgen.

Vielleicht ist diese intensive Welpenpflege die Ursache dafür, daß der erwachsene Hund unsere Zeichen der Liebe ihm gegenüber erkennt. Vielleicht gibt ihm später die Berührung durch uns ein Gefühl fundamentaler Sicherheit. Wie eine Art erlerntes Gefühl für Wohlbehagen, das ihn an die Zeit erinnert, in der er sich dank seiner Mutter ganz sicher fühlte. Ihre warme Zunge war Ausdruck für Sicherheit.

Nach der Reaktion der Hunde zu beurteilen, gibt es Unterschiede darin, wie die Hunde die Berührung an verschiedenen Stellen ihres Körpers auffassen. An bestimmten Stellen des Körpers scheint die Berührung eine beruhigende Wirkung zu haben. Brust und Bauch sind ein gutes Beispiel hierfür. Vielleicht deshalb, weil dies die Stellen sind, an denen die Hunde als Welpen am meisten von ihrer Mutter geleckt wurden. Bei diesem Typ einer behaglichen Berührung am Bauch scheint das Gehirn eine Art „Behaglichkeitshormon", das man Endorphin nennt, auszuscheiden.

Beim Pflegeverhalten der Hunde kann man dagegen nichts Paralleles sehen, das unserem Klopfen eines Hundes ähnelt. Das Klopfen ist ein typisch menschliches Verhalten, das mit dem Schulterklopfen zusammenhängt.

Möglicherweise ist das Klopfen durchaus keine so aufmunternde und effektive Belohnung für die Hunde, wie wir glauben. Diese Art, den Hund aufzumuntern, ist in Dressurkursen sehr verbreitet. Wir sollten eigentlich in diesem Punkt unser Verhalten ändern und die Klopferei durch Streicheln und andere Formen der Belohnung ersetzen.

Sex

Bei der sexuellen Werbung ist die Berührung intensiv. Ein Rüde, der sich einer Hündin nähert, verwendet alle Formen des Körperkontaktes: Er leckt ihren Kopf, vor allem die Umgebung der Ohren, drückt sich gegen sie, legt den Kopf auf ihren Rücken, liebkost sie mit den Pfoten und reitet auf. Gleichzeitig zeigt er übertrieben deutliche Unterwerfungs- und Spielsignale. Vielleicht, um zu betonen, daß diese sonst so provozierenden Kontakte keine Drohung beinhalten.

Spiel

Berührung ist ein Teil des Spieles. Spielen ist eine Kopie von zwei „richtigen" Verhaltensformen, nämlich der Jagd und des Kampfes. Am verbreitetsten sind Jagdspiele. Der eine Hund hat die Rolle einer fliehenden Beute, der andere jagt ihn. Sie tauschen häufig die Rollen.

Durch Jagdspiele lernen die Hunde einander kennen, und sie finden schnell heraus, wer der Stärkste ist. Dadurch vermeiden sie eine Beißerei zur Klärung der Stärkeverhältnisse. Diese Art des Spiels ist die häufigste zwischen Hunden, die einander nicht kennen. Durch Jagdspiele werden ebenfalls die Jagdfunktionen trainiert. Eine Art Lehrprogramm, eine Schule. Deshalb soll man es unterlassen, zu viel mit jungen Hunden auf diese Art zu spielen.

Bleibt das Interesse an solchen Spielen wach, erhält sich auch das Interesse an der Jagd. Außerdem sind diese Spiele stressig für den Hund, wenn sie übertrieben werden.

Hunde, die einander kennen, spielen oft Kampfspiele, eine Art Prügelei im Spiel. Damit trainieren sie die Muskeln, die

Hunde, die einander kennen, spielen oft Kampfspiele. So lernen sie, wie man mit Aggression richtig umgeht.

Schnelligkeit, die Einschätzung und das Verhalten, wie man mit Aggression richtig umgeht. Auch bei dieser Form des Spieles können die Hunde ihre Stärke aneinander ausprobieren.

Es ist nicht unüblich, daß der Hundebesitzer mit seinem Hund Kampfspiele spielt. Ein Mann tut dies eher als eine Frau. Man kann sagen, es ist ein typisch „männliches Spiel". Dieses Spiel ist sehr stressig, und man kann damit auch aggressives Verhalten züchten. Die Hunde sind dann ganz versessen auf Kampf, und das kann zum Problem für andere Leute und Hunde werden. Man sollte es daher vermeiden, mit Welpen Kampfspiele zu spielen. Aber es ist auch nicht

101

empfehlenswert, dies mit erwachsenen Hunden zu tun. Das gilt nicht für den kurzen Augenblick eines kontrollierten Kampfspieles während eines Trainings. Keinem Hund wird dadurch geschadet. Entscheidend ist auch das Naturell des Hundes, je nach dem, wieviel Streß einer ertragen kann!

Die unfreundliche Berührung

Direkter Kontakt und Berührung, die nicht mit Pflegeverhalten, Sex, Freundschaft oder Spiel verknüpft sind, werden im allgemeinen als sehr provozierend und drohend empfunden. Wenn sich erwachsene Hunde, die sich nicht kennen, einander nähern, kann man sehen, wie deren Drohsignale an Umfang und Stärke zunehmen. Dabei sind sie so aufgeblasen, daß sie sich fast nicht bewegen können. Schon der geringste Körperkontakt löst eine Beißerei aus.

Körperkontakt kann gezielt als Mittel der Provokation eingesetzt werden.

Um ihn richtig zu provozieren, kann der eine Hund mit dem anderen einen leichten Körperkontakt aufnehmen. Bei einem stärkeren Kontakt wird zum Beispiel die Pfote oder der Kopf auf den Rücken des anderen gelegt. Die provozierendste Körperberührung, die ein Hund ausüben kann, ist das Aufspringen auf den Rücken eines anderen Hundes gleichen Geschlechts und das „Reiten". Das ist kein sexuelles Verhalten, selbst wenn die Bewegungen stark daran erinnern. Dies ist eine Herausforderung und eine sehr provozierende Handlung. Bei dieser Form des Körperkontaktes sieht und hört man drohende und dominante Signale. Wenn der Herausforderer sehr selbstsicher ist, sucht er dabei oft Augenkontakt.

Vermeidung der Berührung, wenn der Hund angespannt ist

Eine überraschende Berührung kann den Hund veranlassen, heftig zu reagieren. Das ist etwas, woran wir Menschen denken müssen, wenn wir zum Beispiel einen fremden Hund streicheln oder unseren eigenen anfassen wollen. Wenn er konzentriert ist auf sich oder andere oder wenn er ziemlich angespannt ist, weil er etwas Interessantes gesehen hat, kann es gut sein, daß er sehr heftig reagiert, wenn man ihn plötzlich berührt.

Einen Hund, der einen unbekannten Hund des gleichen Geschlechts steif begrüßt, soll man nicht berühren. Das kann eine Beißerei auslösen, die man hätte verhindern können. Einen Hund, der vor einer Person Angst hat und vielleicht gerade dabei ist, seine Furcht zu überwinden, indem er beginnt, die Hand der Person zu beschnüffeln, sollte man nicht klopfen, um ihn aufzumuntern. Dadurch kann er leicht ängstlich bleiben.

Die Leine ist auch eine Art der Berührung. Man sollte an der Leine nicht ziehen oder rucken, wenn der Hund angespannt oder aufgeregt ist, da dies einen Ausfall auslösen kann. Einmal, als man einen zurückhaltenden Hund trainierte, einen Figuranten anzubellen, zog der Führer an der Leine, genau zu dem Zeitpunkt, als der Hund eine Belohnung vom Figuranten erhalten sollte. Diese plötzliche Berührung, die durch die Leine vermittelt wurde, bewirkte, daß der Hund sofort einen Ausfall machte. Besonders dann, wenn sich zwei Hunde des gleichen Geschlechts begegnen, kann das geringste Straffen der Leine fatal sein.

Das Berühren fremder Hunde

Aus dem gleichen Grunde kann ein Hund entweder ängstlich oder drohend werden, wenn ein Fremder mit ihm Körperkontakt aufnimmt, indem er ihn klopft. Genauso würden wir reagieren, wenn ein Fremder mit uns Körperkontakt aufnehmen wollte. Selbst Hunde, die normalerweise Fremde gut leiden können, können negativ reagieren, wenn eine Person in ihrem Betragen zu steif ist, lächelt, ihnen in die Augen schaut und sie klopft.

Hunde würdigen dagegen die Berührung von Personen, die sie kennen und die gleichzeitig mit dem Liebkosen freundliche Signale zeigen, indem sie zum Beispiel freundlich mit ihnen sprechen und starken Augenkontakt vermeiden.

Das Zuwenden des Hinterteils

Oft wendet der Hund demjenigen sein Hinterteil zu, der Körperkontakt sucht. Das geschieht, um sämtliche Möglichkeiten der Demonstration von Drohsignalen zu verhindern. Wendet nämlich der Hund sein Hinterteil jemandem zu, dreht er ja gleichzeitig seinen Kopf und sein Gesicht in die andere Richtung. Das sind diejenigen Körperteile, in denen man die meisten Drohsignale findet. Dadurch demonstrieren sie ihre Freundschaft.

Ein Labradorrüde versuchte einmal, auf ein Sofa zu gelangen, auf dem bereits mehrere Personen saßen. Der Rüde krabbelte auf das eine Ende, aber dadurch bekam er nahen Kontakt zu der dort sitzenden Person. Deshalb drehte der Rüde sein Hinterteil nach vorne und schob sich rückwärts auf den Schoß der Personen.

Oder denken Sie nur an die Begrüßungssituation, wenn Sie nach Hause kommen. Der Hund kommt froh angesaust, springt, leckt im Gesicht und explodiert fast vor Freude. Aber wenn man sie zu streicheln und zu kraulen beginnt, drehen sie den Kopf weg. Viele stolze Hunde zeigen immer ihr Hinterteil, wenn sie Leute begrüßen. Das heißt, sie wenden ihre freundliche Seite zu. Die intensive Nähe und der Körperkontakt sind zu stark, als daß der Hund sich in der Begrüßungssituation direkt gegen die Person richten könnte. Das Gesicht und die direkte Richtung beinhalten zu viele Möglichkeiten, um Drohsignale zu zeigen. Daher wenden sie sich ab, und deshalb müssen wir uns damit begnügen, das Hinterteil unserer Hunde zu streicheln.

Hormonelle Einwirkungen

Junge Rüden, die gerade geschlechtsreif werden – oder kurz vor dieser Periode sind – wollen oft auf Menschen oder anderen Hunden aufreiten. Das gleiche kann bei Hündinnen geschehen, wenn sie läufig werden oder scheinträchtig sind. Dieses Verhalten ist weder falsch noch unnatürlich, es ist hormonell gesteuert. Es geht hier nicht um sexuelle Kontaktaufnahme. Es kann sogar gegenüber anderen Hunden direkt dominant sein, vor allem bei einer scheinträchtigen Hündin. Diese unterdrückt dann andere Hündinnen, weil sie glaubt, sie sei trächtig.

Wenn ein Hund, entweder aus sexuellem Grund oder als Aufforderung zum Spiel, auf einem anderen aufreitet, sieht man in seiner Gesichtsmimik Unterwerfungssignale. So, als sei der Hund durch die Lust aufzureiten und aus dem Bewußtsein des provozierenden Körperkontaktes in einem Konflikt mit sich selbst.

Kapitel 6: Duftsprache

Hunde haben sich so viel zu erzählen und so viele Informationen entgegenzunehmen, daß sie sogar den Geruch als Bestandteil ihrer „Sprache" verwenden. Und dies nicht in geringem Umfang. Jeder Hundebesitzer kann dies auf seinem täglichen Spaziergang bemerken. Während des ganzen Weges ist sein Hund mit der Schnauze ständig am Boden.

Urinmarkierung

Der alltäglichste und am intensivsten untersuchte Geruch im Kommunikationsmuster der Hunde ist der Geruch von Urin. Urinmarkierungen, die von den Hunden auf ihren Ausflügen gefunden werden, werden von ihnen sofort so sorgfältig studiert, als läsen sie etwas Spannendes in einer Zeitung. Der größte Unterschied zwischen den vierbeinigen Freunden und uns besteht wohl darin, daß wir uns erlauben, den Artikel in der Zeitung zu Ende zu lesen, dagegen müssen sich viele Hunde damit begnügen, ein paar Zeilen zu lesen, bevor sie weggezogen werden.

Es gibt auch Hundebesitzer, die nicht wissen, wie wichtig es für Hunde ist, die Duftmarkierungen anderer Hunde zu

Zu lesen …

… und zu schreiben ist für unsere Hunde wichtig, genauso wie für uns selbst.

untersuchen. Einigen erscheint dies so widerlich, daß sie das „Zeitunglesen" ihrer Hunde nicht zulassen wollen. Viele Hunde müssen es in Kauf nehmen, dafür beschimpft zu werden.

Doch die Markierung mit dem Uringeruch ist für Hunde die gebräuchlichste Art, ihre „Visitenkarte" zu verteilen. Diese „Visitenkarte" erzählt, ob ihr Inhaber ein Rüde oder eine Hündin ist, geschlechtsreif oder ein Welpe, vielleicht auch das ungefähre Alter und ob er bekannt oder unbekannt ist. Der Uringeruch erzählt deutlich, in welchem Läufigkeitszyklus eine Hündin sich befindet. Ob sie bald läufig wird, scheinträchtig ist, geworfen hat oder sich in einem Stadium zwischen den Läufigkeiten befindet, die für einen Rüden weniger interessant sind.

Vielleicht zeigt der Uringeruch auch den rangmäßigen Status eines Rüden, weil rangmäßig hoch plazierte Tiere mehr männliche Geschlechtshormone produzieren. Diese Zusammenhänge hat man aus Studien bei Affenmännchen herausgefunden.

Jeder Hund hat seinen eigenen individuellen Geruch. Das heißt, daß die Urinmarkierung eine persönliche Visitenkarte ist, so daß sich die Hunde allein am Uringeruch gegenseitig erkennen können.

Reviermarkierung

Früher glaubte man, daß das beständige „Beinheben" bei Rüden fast ausschließlich der Reviermarkierung diene. Man hat zum Beispiel festgestellt, daß Wölfe dort mehr markieren, wo ihr Revier an das Revier anderer Wölfe angrenzt. Aber das ist nur ein kleiner Teil der Aufgaben der Urinmarkierung.

Der amerikanische Psychologe und Wolfsforscher Roger Peters konnte feststellen, daß die Wölfe sich mit Hilfe von Urinmarkierungen auf gewissen strategisch günstigen Stellen Hilfen bei der Orientierung schaffen. Sie können sich so eine „geistige Karte" ihres Jagdreviers fertigen. Gewisse Stellen auf den Wegen, spezielle Passagen, Grenzen und andere wichtige Stellen werden markiert, so daß sich die Meute leichter und besser orientieren kann. Andererseits können andere Wölfe davon abgeschreckt werden, in ihr Revier einzudringen. In Verbindung mit ihren Wanderungen durch das Revier erneuern sie ständig ihre Duftmarken, die durch Regen und Wind abgeschwächt werden.

Vielleicht gilt für unsere Hunde das gleiche. Markieren, um sich durch Lesen orientieren zu können und gleichzeitig den anderen Hunden von der eigenen Existenz zu erzählen.

Dr. Ian Dunbar, Forscher für Hundeverhalten, setzt ein Fragezeichen hinter die Vermutung, ob unsere Hunde besonders reviergebunden und territorialbewußt gegenüber etwas anderem als ihrem eigenen Zuhause sind. Ein Hund trifft ja

Wölfe schaffen sich Hilfe bei der Orientierung im Revier dadurch, daß sie gewisse strategisch günstige Stellen mit ihrem Urin markieren.

überall auf andere Hunde. Das bewirkt, daß er auf die anderen im Park, Wald oder sonstwo nicht so reagiert, als wäre dies sein eigenes Revier.

Ein Rüde versucht Stellen hervorzuheben, die nicht als Reviergrenzen für unsere Hunde angesehen werden können. Nicht um Grenzen zu setzen, markiert er Bäume und Laternenpfähle mit Urin, sondern um den anderen Hunden von sich selbst zu erzählen und um seinen Geruch zu hinterlassen,

damit er besser nach Hause findet. Und wenn seine Markierungen von anderen überdeckt worden sind, muß er sie
wiederum mit seinem Urin überdecken.

Das Markieren an hohen Stellen

Ein Teil der Hunde versucht, seine Markierungen so hoch
als möglich zu plazieren. Speziell Rüden versuchen so hoch
am Baum zu markieren, daß sie dabei fast stolpern und
umfallen. Ein anderer Teil der Hunde hebt das Bein am
liebsten oben auf einem Stein, auf einem Schneehaufen oder
anderen hochgelegenen Stellen. Es ist auch bei Hündinnen
nicht ungewöhnlich, daß sie das Bein heben. Es sind dies
wahrscheinlich die Selbstsicheren. Die Unsicheren sind nicht
so versessen auf eine Demonstrationsmarkierung.

Dieses Verhalten hängt also mit der Selbstsicherheit und
wahrscheinlich auch mit der Produktion von Geschlechtshormonen zusammen. Je stärker die Produktion von Geschlechtshormonen, desto ausgeprägter die männlichen bzw.
weiblichen Merkmale. Selbstsicherheit ist ein Teil der Ge-
schlechtskennzeichen. Aber das erklärt nicht alles. Beispielsweise kann auch eine sterilisierte Hündin demonstrativ pinkeln und dabei in der Art der Rüden das Bein heben.

Eine andere Erklärung für das Markieren an hohen Stellen
ist, daß es anderen Hunden erschwert werden soll, den
eigenen Geruch zu überdecken. Außerdem soll der Geruch
nicht zerstört werden, indem andere darauf treten. Bei der
hohen Plazierung verteilt er sich auch besser mit dem Wind
und bleibt leichter zu erkennen.

Kleines Pinkeln bei der Begrüßung

Welpen und empfindsame Junghunde pinkeln oft ein paar Tropfen, wenn sie jemanden begrüßen, den sie als dominant erleben. Dies bewirkt, daß der ältere Hund sein Interesse gegen den Urin und nicht gegen den unsicheren Junghund richtet. Genau dies ist vielleicht auch beabsichtigt. Es ist jedenfalls wirkungsvoll, um damit einer eingehenden Untersuchung durch den dominanteren Hund zu entgehen. Dieses Verhalten scheint dem jüngeren Hund als ein effektives Unterwerfungssignal zu dienen.

Welpen pinkeln oft, wenn sie jemanden begrüßen, den sie als dominant erleben.

Der ältere Hund richtet sein Interesse zuerst gegen den Urin und nicht gegen den Welpen.

Welpen und Junghunde reagieren oft ebenso gegenüber Menschen. Es ist äußerst wichtig, daß wir dieses Verhalten verstehen und den Welpen oder den Junghund für diese Tropfen, die er vor lauter Unterwerfung abgibt, nicht bestrafen. Sonst wird es so bleiben. Er wird noch untertäniger und er wird noch mehr pinkeln. Es ist einfach zu erreichen, daß er dieses „Unterwerfungspinkeln" in Begrüßungssituationen gegenüber Menschen aufgibt. Man muß nur sicher sein, daß derjenige, der speziell von Welpen oder Junghunden begrüßt werden soll, immer einen Leckerbissen zur Hand hat. Dadurch richtet sich die Aufmerksamkeit des Welpen auf den Leckerbissen und nicht auf die in den Augen des Welpen dominante Person.

Selbstverständlich soll man dabei auf die eigenen Signale achten, indem man sich nicht drohend über den Hund beugt, keinen festen Augenkontakt aufnimmt und nicht die Zähne zeigt. Allein eine solche Haltung kann einen sonst stubenreinen Hund zum Pinkeln veranlassen, um sein Erschrecken zu zeigen. Dies ist ein sicheres Zeichen dafür, daß man dem Hund gegenüber entgegenkommender sein sollte.

Ein Teil der Junghunde und Welpen pinkelt auch vor Freude, wenn man zu ihnen nach Hause kommt. In dieser Situation ist es keine Unterwerfung, aber ein Zeichen dafür,

Um das „Unterwerfungspinkeln" bei einem jungen Hund abzustellen, soll man seine Aufmerksamkeit durch einen Leckerbissen fesseln.

daß die Blasenkontrolle bei diesem jungen Tier noch nicht vollständig entwickelt und die Freude überwältigend ist.

Ihn zu veranlassen, daß er dieses Verhalten aufgibt, ist genauso einfach wie beim Pinkeln aus Unterwerfung. Das heißt, man sollte einen Leckerbissen bereithalten, wenn man diesem Hund begegnet. Das dämpft den Streß, der durch die Freude ausgelöst wird. Der Hund konzentriert sich darauf, den Leckerbissen zu nehmen.

Den Unterschied zwischen dem Pinkeln aus Unterwerfung oder vor Freude erkennt man leicht an den Körpersignalen des Hundes. Bei ersterem sind die Unterwerfungssignale stark übertrieben.

Das Bedürfnis, sich mitzuteilen

So, wie man Hundebesitzer erleben kann, die ihre Hunde deren „Zeitung" nicht lesen lassen, kann man auch einige Besitzer finden, die während eines Spaziergangs ihre Hunde nur an ganz wenigen Stellen pinkeln lassen. Ich habe Leute gehört, die dieses Pinkeln als „unsinnige Pinkelei" oder ähnliches bezeichnen. Aber gerade in diesem Bereich hat der Hund ein Bedürfnis, sich mitzuteilen. Man kann jedoch ohne weiteres vermeiden, daß der Hund an Hausmauern, Autos und ähnliches pinkelt. Dieses Verbot ist nicht allzu anspruchsvoll.

Läufigkeit

Wenn eine Hündin läufig ist, hat sie die Tendenz, ihr heimatliches Gebiet zu verlassen und sich in einem größeren Bezirk zu bewegen. Das Wort „Läufigkeit" bezeichnet gerade diese Tendenz, von zu Hause fortzulaufen. Draußen pinkelt eine läufige Hündin öfter. Dadurch verteilt sie die Botschaft über ihren Zustand wirkungsvoll an die benachbarten Rüden und zieht eine große Freierschar an.

Aufgrund der verstärkten Hormonproduktion, gerade vor und während der Läufigkeit, steigt bei einer Hündin auch die Tendenz zur Aggressivität. Deshalb ist es wichtig, daß man bei einem Spaziergang mit einer läufigen Hündin nicht nur darauf aufpaßt, daß sie nicht ausreißt und sich einen ungeeigneten Freier auswählt, sondern man muß auch dafür sorgen, daß es zu keiner Beißerei kommt.

Sogar wenn die Hündin scheinträchtig ist, produziert sie Gerüche, die den Rüden interessieren und sogar sexuell anregen.

Das Beinheben bei Fremden

Einige Hunde, speziell Rüden, heben das Bein, wenn sie irgendwo zu Besuch kommen, wo ebenfalls ein Hund ist. Das ist in der „Hundesprache" ein Beweis für echte Höflichkeit. Der Hund hinterläßt seine Visitenkarte, als Bestandteil seiner Vorstellung, aber es sind leider nur die Hunde, die diese Form der Höflichkeit würdigen.

Wenn man mit einem geschlechtsreifen Rüden bei einer Familie zu Besuch ist, die ebenfalls einen Hund im Haus hat, ist das Risiko sehr hoch. Um dieser peinlichen Form der Höflichkeit vorzubeugen, schlage ich vor, daß die Hunde draußen miteinander Bekanntschaft schließen. Gründlich! So gründlich, daß sie keinerlei Bedürfnis mehr haben, sich noch einmal zu präsentieren, wenn sie im Haus sind. Drinnen sollten sie aber doch unter intensiver Überwachung bleiben.

Das Interesse bei Rüden und Hündinnen

Vergleicht man Rüden und Hündinnen, wird man feststellen, daß das Interesse am Uringeruch und am Überdecken des Geruches bei Rüden größer ist. Dies ist eine Konkurrenzsprache, die oft dazu verwendet wird, sich mit anderen Hunden zu messen und sie zu beeindrucken. Im Leben der Hündinnen ist anderes wichtiger.

Das Beinheben bei Rüden und Hündinnen

Etwa um die Zeit der Geschlechtsreife beginnen die Rüden, das Bein zu heben. Hier ist es interessant, anzumerken, daß dies nicht mit den Geschlechtshormonen als Bestandteil des Blutes zusammenhängt. Zum Beispiel beginnen auch kastrierte Rüden ab diesem Zeitpunkt damit, das Bein zu heben (Dunbar, 1979).

Es ist schwer zu erklären, weshalb gewisse Hündinnen – gleichsam wie Rüden – ihr Bein heben, wenn sie pinkeln. Es ist möglich, daß sie in einem höheren Grad als andere Hündinnen männliche Geschlechtshormone produzieren. Es kann aber auch sein, daß sie übermäßig viele weibliche Geschlechtshormone produzieren, die ihr Verhalten beeinflussen.

Eine weitere wahrscheinliche Erklärung ist eine rein physiologische. Mit dem Heben des Hinterbeines wird die Muskulatur gegen die Blase gepreßt, dadurch wird das Ausströmen des Urins erleichtert.

Scharren nach dem Markieren

Die meisten Rüden und einige Hündinnen scharren mit den Hinterbeinen, wenn sie markiert haben. Früher glaubte

Das Scharren kann auch
Imponiergehabe sein.

man, dies geschähe, um Urinduft zu überdecken oder zu
verspritzen – gleichsam wie bei Katzen. Aber keine dieser
Erklärungen ist befriedigend.

Vielleicht dient das Aufscharren des Bodens dazu, den
Dufteindruck zu verstärken. Eine andere Erklärung wäre
folgende: einerseits soll den Hunden innerhalb der Sichtweite
gezeigt werden, daß hier nun markiert ist, andererseits soll es
imponierend wirken. Die Tatsache, daß ein Hund auch dann
stolz scharrt, wenn kein anderer Hund in der Nähe ist,
braucht dieser Theorie nicht zu widersprechen. Er macht es
vielleicht mehr oder weniger jedesmal, falls zufällig ein anderer Hund in der Nähe sein sollte. Erst wenn es ein anderer
Hund sieht, hat es jedoch die Bedeutung eines Signals.

Kot

Der amerikanische Forscher Roger Peters hat in einem
mehrjährigen Projekt Wölfe und ihre Wanderungen studiert.
Er konnte dabei feststellen, daß die Wölfe ihren Kot als eine
Möglichkeit zur Kommunikation ausnutzen. Als ob Mutter

117

Natur nichts dem Zufall überlassen wolle, wenn es darum geht, die Überlebensmöglichkeiten zu sichern, schreibt er.

Das Interessanteste, was Roger Peters während seiner Untersuchungen herausfand, war das Analdrüsensekret, das zusammen mit dem Kot ausgeschieden wird und diesen mit einem individuellen Geruch „färbt". Mit diesem Hilfsmittel kann ein Wolf – und mit aller Wahrscheinlichkeit auch ein Hund – erkennen, wer an einer bestimmten Stelle war, und ob es sich um einen Bekannten oder einen Unbekannten handelte!

Außerdem entdeckte Roger Peters, daß die Plazierung des Kotes noch in anderer Hinsicht wichtig ist. Wie bei allen Angehörigen der Hundefamilie dient dieser als Markierung auf der „mentalen Karte" ihrer Wanderungen. Diese Markierung kann als Orientierungspunkt im Gelände benutzt werden.

Man hat beobachtet, daß Rüden entscheiden können, ob ein bestimmter Kothaufen von einer Hündin oder einem Rüden stammt, indem sie bloß gründlich daran rochen (Dunbar, 1979).

Oft wird der Haufen auf eine höher gelegene Stelle plaziert, zum Beispiel auf einen Stein oder einen Baumstumpf. Das wirkt wie eine Reviermarkierung – genau wie der Urin. Hunde sind häufig sehr sorgfältig bei der Auswahl, wie und wo sie ihren Kot plazieren. Teils mit den wohlbekannten Ritualen, bevor sie „machen", teils mit dem bekannten Scharren auf dem Boden danach.

Leider haben unsere Hunde oft Probleme mit den Analdrüsen. Das Futter und die Eßgewohnheiten können daran schuld sein. Es kann sich jedoch auch um einen erblichen Defekt handeln. Aufgrund stetig wiederkehrender Irritationen und Infektionen wählen viele Hundebesitzer die Verödung. Wenn Hunde häufig „Schlitten fahren", sich am

Hinterteil lecken und beißen – sie können sich auch in den Schenkel, in die Hüfte oder in den Rücken beißen –, ist es sinnvoll, einen Tierarzt aufzusuchen, der die Analdrüsen kontrolliert. Bei heftigen Erlebnissen – so beim Schreien und bei Aggressivität – entleeren sich oft die Analbeutel. Es tritt dann ein stark säuerlicher Geruch auf.

Im Geruch wälzen

Es ist üblich, daß sich Hunde in verschieden stark riechenden Dingen wälzen. Leider am liebsten in den widerlichsten Gerüchen. Es gibt viele Theorien darüber, weshalb sie dies tun. Eine Theorie geht davon aus, daß sie ihren eigenen Geruch gegenüber einer möglichen Beute überdecken wollen um sich leichter an sie heranschleichen zu können. Eine andere Annahme lautet, daß sie dadurch Schmarotzer und Ungeziefer im Fell bekämpfen. Flöhe und Läuse säßen nicht gerne im Pelz eines Tieres, das so schlimm riecht. Beide Theorien haben eine geringere Wahrscheinlichkeit.

Eine dritte Theorie geht davon aus, daß der Hund sich in etwas Eßbarem wälze und dadurch den Meutekameraden mitteilen könne, daß Nahrung in der Nähe sei.

Die zwei Hundepsychologen Eva Bodfäldt und Marie Fogelqvist haben ebenfalls dieses Phänomen untersucht. Sie haben jetzt eine neue Hypothese entwickelt, die davon ausgeht, daß die Hunde, veranlaßt durch den fremden Geruch, ihren eigenen Geruch abgeben. Danach wälzen die Hunde sich, damit sie mit ihren Duftdrüsen und ihrem Geruch den starken vorherigen Geruch „überstempeln".

Sie haben auch festgestellt, daß bei starkem Geruch die Hunde zum Teil darauf pinkeln, zum Teil sich darin wälzen. Sie haben beobachtet, daß sowohl Wölfe wie auch Hunde sowohl das eine als auch das andere tun. Zum Beispiel wälzen sie sich oft auf einem Bissen Futter oder einem Stock, um ihn zu markieren und zu zeigen, wem er gehört.

Duftdrüsen

Mitten auf dem Schwanz haben die Hunde eine Drüse, die normalerweise mit einem schwarzen, oft dreieckigen Punkt gekennzeichnet ist. Was es für ein Geruch ist, den sie ausscheidet, weiß man nicht, aber man glaubt, daß er für die Kommunikation zwischen den Hunden wichtig ist. Man meint, daß die Hunde mehrere solcher Drüsen am Körper haben, die auf die eine oder andere Art wichtige Gerüche abgeben. Persönlich glaube ich, daß diese Drüsen im „Gespräch" zwischen Hunden eine weniger wichtige Rolle spielen. Ich glaube, daß die Hunde sich gegenseitig nach einem festgelegten Schema, dem sie instinktiv folgen, beschnüffeln: Erst an der Schnauze, dann an der Seite mit den Ohren und dem Hals, schließlich an der Körperseite entlang zum Hinterteil. Ich glaube, daß sie ganz einfach eingehen auf das Begrüßungsritual, um ihre Friedlichkeit im Begrüßungszeremoniell zu demonstrieren.

Kapitel 7:
Menschen – Hunde – Sprache

Eine der vornehmsten Aufgaben der Hundesprache ist es, Aggression zu kontrollieren und zu kanalisieren. Dies ist notwendig, weil der Hund ein Meutetier ist und gleichzeitig mit kräftigen Kiefern und scharfen Zähnen ausgestattet ist. Es soll verhindert werden, daß sie einander mit voller Stärke angreifen. Um jeden Preis soll verhindert werden, daß ein Individuum der Meute zu Schaden kommt. Ein Jagdrudel muß gesund sein oder es verringert sich seine Chance, Beute zu machen, und damit verringert sich auch die Chance des Überlebens.

Es gibt viele Faktoren, die mit der Sprache zusammenarbeiten, um zu verhindern, daß die Mitglieder der Meute die Kraft ihrer Kiefer gegeneinander verwenden. Die wichtigsten sind die Beißhemmung und die Rangordnung.

Beißhemmung

Gerade weil die Hunde so effektive Waffen wie ihre Zähne haben und gleichzeitig in Meuten leben, sind sie blockiert, sich gegenseitig mit voller Stärke zu beißen. Selbst wenn Hunde richtig wütend aufeinander sind, entstehen bei einer Beißerei selten große Schäden. Es ist, als ob ein geistiger

Dank ihrer Fähigkeit, mit verschiedenen Signalen zu kommunizieren, gelingt es den Hunden, einen Kampf mit der Gefahr von Bißverletzungen zu vermeiden.

Mechanismus sie daran hindere, sich mit voller Stärke zu beißen. Man nennt dies die „Beißhemmung".

Ein Hund hat viele hundert Kilogramm Druck auf jeder Zahnspitze. Er kann deshalb ein Beutetier töten, das vielleicht viel größer als er selbst ist. Wenn Hunde diese Kraft jedesmal ungehemmt gebrauchten, wenn sie sich nicht einig sind, würden sie sich am laufenden Band totbeißen.

Die Beißhemmung scheint wirklich gut zu funktionieren. Es ist eine Seltenheit, wenn bei einer Beißerei großer Schaden entsteht. Aber es gibt auch Hunde, bei denen die Beißhemmung schlecht funktioniert. Dann entstehen schwere Verletzungen beim Gegner.

Die Beißhemmung des Hundes funktioniert auch gegenüber dem Menschen. Ein Hundebiß führt auch hier selten zu großen Schäden. Hunde, die gegenüber Menschen aggressiv sind, haben oft einen unverdient schlechten Ruf, daß sie gefährlich seien. Viele sagen dann, daß ein solcher Hund getötet werden müßte, bevor er „etwas richtig Schlimmes" anrichte. Es ist aber eine Seltenheit, daß ein Hund richtig zubeißt. Wenn die Beißhemmung funktioniert, was sie fast immer tut, kann man nach einem Hundebiß höchstens von einer kleinen Verletzung sprechen. Die bevorzugte Taktik der Hunde ist es ja, zu erschrecken und nicht zu schaden. Dies gilt auch gegenüber dem Menschen.

Wenn ein Hund dagegen so zubeißt, daß starke Verletzungen entstehen, dann muß man vorsichtig sein. Dies kann tatsächlich ein Zeichen dafür sein, daß die Beißhemmung des Hundes defekt ist.

Wenn ein Hund Schmerzen hat, entweder wegen einer Krankheit oder einer Verletzung, kann dies dazu führen, daß die Beißhemmung schlecht funktioniert. Man kann auch nicht ausschließen, daß aufgrund einer schlecht geplanten Zucht dieser Fehler auftritt. Ich habe stark ingezüchtete Hunde gesehen, die mit ganzer Kraft zubissen und große Schäden verursachten. Ein Junge wurde vom Familienhund gebissen, als er in die Stube kam. Er hatte ihn auf keine Art provoziert. Der Hund griff ihn an und biß ihn in den Kopf, dadurch wurde eine schwere Verletzung verursacht. Der Stammbaum des Hundes zeigte eine sehr starke Inzucht. Wir vermuteten auch einen hormonellen Fehler; dies konnten wir aber nicht nachweisen, weil der Hund umgehend eingeschläfert wurde.

Rangordnung

Ein anderer Faktor, der die Aggression kontrolliert und steuert, ist die Rangfolge zwischen den Individuen einer Gruppe. Man vermutet, daß es innerhalb derselben Gruppe viele Rangordnungen gibt. Eine zwischen den erwachsenen Rüden, eine zwischen den erwachsenen Hündinnen, eine zwischen den Jungtieren und eine zwischen den Welpen.

Bis jetzt war man der Auffassung, daß ein dominantes Tier die Untergeordneten dank seiner Rangposition ohne aggressive Proteste steuern könne. Es brauche seinen Willen nicht mit Beißen durchzusetzen. Aber diese Form der Rangordnung, die wir früher lernten, wurde kritisiert und bezweifelt. Wir lernten, daß die Hunde eine Rangordnung haben, die nach demselben Muster abläuft wie die „Hackordnung" bei Hühnern. Bei denen wurde nämlich beobachtet, daß das Huhn, das an der höchsten Stelle der Gruppe stand, alle anderen hacken konnte, ohne daß es selbst gehackt wurde. Das zweite Huhn der Gruppe hackte alle außer dem höherstehenden und so weiter.

Man hat nun begonnen, diese Ansicht in Frage zu stellen und zu ändern. Es entwickelte sich eine neue Meinung über die Begriffe Dominanz und Rangordnung. Früher war es wichtig, daß wir über unsere Hunde bestimmten, unsere Autorität erhielten, „Meuteführer" waren. Man wollte den Hunden keine Opposition erlauben, weil sie sonst die „Macht übernehmen", das „Kommando übernehmen", „ihre Rangposition verbessern" konnten. Die modernen Ansichten der Ethologen setzen all dies in Frage.

Ja, wie ist es denn nun? Soll man streng und bestimmt in seiner Forderung oder soll man milde sein? Es zeigt sich, daß diejenigen, die die weichere Erziehung propagieren, die größere Unterstützung durch die neueren Forschungsergebnisse

Das weiche Training ist das natürlichste für Hunde, sagen verschiedene Studien über das Lebens- und Arbeitsverhalten wilder Hunde.

und Entdeckungen erhalten, die bei wilden Hunden gemacht worden sind.

Verschiedene neue Beobachtungen von Wölfen und anderen Vertretern der Hundefamilie zeigten, daß es sowohl eine „weichere" als auch eine „strengere" Erziehung der Welpen und Jungtiere gibt. Wobei der Schwerpunkt eindeutig beim milderen Typ liegt. Dies gilt selbst für das Verhältnis zwischen erwachsenen Tieren. Viele, die Wölfe untersucht haben, heben gerade diesen liebevollen Zusammenhalt in der Meute hervor. Dies zeigt, daß wir unser Verhältnis mehr auf Herzlichkeit und Abhängigkeit aufbauen sollten als auf Disziplin und Rangordnung.

Bei einer von mir durchgeführten Untersuchung über die Dominanz der Hündin über ihre Welpen in den ersten acht Wochen ihres Lebens wurde das liebevolle Muster bei der Erziehung deutlich (Hallgren, 1988).

Ich fragte 149 Züchter, wie oft sie verschiedene Grade von Dominanz und autoritärem Verhalten der Hündin gegenüber ihren Welpen beobachtet hätten und wie die Hündin sich während der Aufzucht gegenüber ihren Welpen verhalten habe.

Das Ergebnis war unter anderem folgendes:
Auf die Frage, wie oft die Züchter gehört hätten, daß die Hündin ihre Welpen anknurrte, antworteten:

30,8 % nie,
53,8 % nur wenige Male (oft im Spiel),
15,4 % oft (oft im Spiel).

Auf die Frage, wie oft sie gesehen hätten, daß die Hündin gegenüber den Welpen die Zähne gefletscht habe, antworteten:

64,3 % nie,
31,5 % wenige Male,
 4,2 % oft.

Auf die Frage, wie oft sie gesehen hätten, daß die Hündin einen Welpen am Nackenfell schüttelte, antworteten:

78,3 % nie,
18,9 % einige Male (oft im Spiel),
 2,8 % oft (häufig im Spiel).

Es war ferner charakteristisch, daß diese Verhaltensformen gegenüber kleinen Welpen nicht gezeigt wurden, sondern erst, wenn sie sich der achten Woche näherten, wenn sie

Die Hundemutter: tolerant, zärtlich und spielbereit.

fordernd wurden und gleichzeitig von der Mutter abgewöhnt wurden.

Auf die Frage, wie eine Hündin über ihre Welpen dominiert, antworteten:

91,6 % spielend und zärtlich
3,5 % dominiert überhaupt keine Welpen
2,8 % drohen, schnappen oder beißen die Welpen
2,1 % antworteten nicht auf die Umfrage.

Der strafende Mensch

Wir Menschen sind dem Nachdenken über Strafen eng verbunden. Die häufigsten Ratschläge, die bei der Hundeerziehung gegeben werden, behandeln die Möglichkeiten, den Hund zu bestrafen. Viel weniger wird über die Möglichkeit der Belohnung gesprochen. Deshalb haben wir auch ungefähr 40 verschiedene Arten der Bestrafung und nur ganz wenige Formen der Belohnung und der Aufmunterung.

Strafen werden etwas von der Mode geprägt. Vor 30 Jahren sollte man den Hund gewöhnlich mit der „Hundepeitsche" schlagen. Viele Hundeleinen konnten gleichzeitig als Peitschen verwendet werden. Das wurde dann vom „korrigierenden" Ruck an der Leine abgelöst.

Danach kamen die etwas „naturnäheren" Abstrafungen, oft mit der Begründung, daß die Hunde sich untereinander auch so behandelten. Speziell die Hundemutter wurde belastet, man begründete die Strafe damit, dies sei „wie bei Mutter".

Konrad Lorenz empfahl in den fünfziger Jahren, man solle Welpen und sogar erwachsene Hunde an der Nackenhaut schütteln. Das hatte er bei Hundemüttern beobachtet, die ihre ungehorsamen Welpen dadurch bestraften. Aber diese Art von Strafe ist bei Hündinnen nicht so alltäglich, selbst wenn es vorkommen kann. Das zeigt die von mir gerade zitierte Untersuchung.

Das nächste war, den Hund über die Schnauze oder in das Ohr zu beißen. Dies wurde von Beobachtungen abgeleitet, bei denen festgestellt wurde, daß dies erwachsene Hunde tun, wenn sie wütend aufeinander sind. Ganz gewiß kommt es vor, aber es ist nicht besonders häufig und verbreitet. Es gibt Leute, die angeben, daß das Über-die-Schnauze-Beißen rassebedingt sei. Beim Shetland Sheepdog ist es zum Beispiel sehr verbreitet.

128

Hunde zur Strafe an der Nackenhaut zu
schütteln, gilt als „naturnah".

Später, gegen Ende der siebziger Jahre, kam der Rat auf,
dem Hund die Ohren zu verdrehen, wenn er etwas falsch
machte. Dieser Tip gewann schnell Gehör. Man wies darauf
hin, daß Hündinnen es ebenfalls täten. Das ist jedoch eine
Methode, die ich absolut nicht empfehlen kann. Teils, weil es
in Wirklichkeit sehr selten ist, daß die Hündin die Welpen an
den Ohren faßt, teils, weil es auch direkt schaden kann. Die
vorher schon zitierte Untersuchung ergab hierüber folgendes:
Wie oft haben Sie gesehen, daß eine Hündin einen Welpen
in das Ohr gebissen hat?
Die Antworten der Züchter waren folgende:

79,7% nie
18,9% einige Male (oft im Spiel)
 1,4% oft

In jedem Fall ist es bis zur neunten Woche selten, daß die
Hündin die Ohren ihres Welpen zum Zwecke der Erziehung
zwickt.
Des weiteren kann es auch schädlich sein, da ein Risiko
besteht, tiefer im Ohr gelegene Bereiche durch übermäßige

Belastung zu schädigen. Ich möchte davor warnen, diese Methode gegenüber Welpen zu gebrauchen, gerade aufgrund der möglichen Schädigung des Ohres. Man kann das Ohr als weniger schmerzempfindlich ansehen, aber das ist keine Garantie dafür, daß es nicht geschädigt wird. Außerdem ist es eine Strafe, die man wirklich nicht empfehlen kann. Erstens ist sie unnatürlich, zweitens verursacht sie Schmerzen, die oft zur Aggressivität führen. Außerdem ist sie unnötig. Wir brauchen nicht zu solch harten Maßnahmen zu greifen, wir können es auch leichter erreichen, daß der Hund uns folgt.

Mißverstandene Dominanz

Nach meiner Auffassung liegt das Problem der Dominanz gegenüber Untergebenen an einer ganz anderen Stelle. An einem Tag, schon vor vielen Jahren, ist mir dies aufgefallen, als ich einen erwachsenen Hund beim Spiel mit einem Welpen beobachtete. Das Spiel beinhaltete einen gewissen „dominanten" Einschlag. Der Welpe wurde nicht im geringsten ängstlich und von seiten des Erwachsenen wurde keine Aggression in das Spiel eingebracht. Trotzdem konnte er ausreichend demonstrieren, wer hier bestimmte – auf eine nette und freundliche Art. In meinem Gehirn tauchte plötzlich ein Begriff auf, den ich nicht mehr vergessen konnte: die *nette Führung*, die *freundliche Dominanz*.

Vielleicht haben wir Menschen es ganz einfach mißverstanden, was Tiere mit Dominanz meinen. Wir definieren Dominanz als etwas Strenges und Autoritäres, nur weil wir selbst zu dieser Ansicht neigen. Wir glauben, daß Dominanz und Aggression im großen und ganzen das Gleiche seien. Wir glauben, daß das in der sozialen Rangfolge hoch plazierte Tier auch das aggressivere sei. Aber es ist genau umgekehrt.

Der Zusammenhalt der Wolfsmeute ist aufgebaut auf Vertrauen, Zärtlichkeit und gegenseitigen Respekt.

Ein interessantes Forschungsergebnis

Der amerikanische Forscher Randall Lockwood führte eine sehr aufschlußreiche Untersuchung bei Wölfen durch. Er bemerkte, daß das Ergebnis einer Prügelei eine schlechte Möglichkeit ist, die Rangordnung zu bestimmen. Handlungen, die auf Uneinigkeit beruhen, sind selten Rangkonflikte. Man kann sagen, daß unsere Ansicht, daß „sie sich schlagen, um herauszufinden, wer bestimmt", nicht korrekt ist. Es geht n i c h t um die Rangordnung, wenn sich Hunde prügeln. Für sie ist es überhaupt nicht sicher, daß derjenige, der gewinnt, auch´ der ist, der bestimmt und den höheren Rang hat. Er wies darauf hin, daß Beobachtungen sowohl bei Wölfen als auch bei Affen zeigten, daß es oft die Untergeordneten (tiefer im Rang Stehenden) sind, die aggressives Verhalten zeigen. Die Ranghöheren werden selten wütend.

Ich selbst bin vielen Hunden in meinem Leben begegnet. Ich sah sie sowohl beim Spiel, bei Beißereien als auch miteinander auf ruhige Art umgehen, und ich konnte feststellen: Es sind die Selbstsichersten, die Ranghöchsten, die Dominantesten, die sich am wenigsten prügeln.

Es sind gerade die Unsichersten, die am meisten Aggressivität zeigen!

Eine neue Bedeutung der „Dominanz"

Da die allgemeine Auffassung darüber, was das Wort Dominanz eigentlich bedeutet, nicht mit der Meinung, die die Hunde hierüber haben, übereinstimmt, ging ich seit Mitte der siebziger Jahre dazu über, statt dessen von der Führerschaft zu reden. Ich entwickelte den Begriff der *„freundlichen Führerschaft"*. Die Idee war, daß wir Menschen versuchen sollten, auf eine freundliche Art zu bestimmen. Bei Hunden geschieht dies gegenseitig. Ältere Hunde bestimmen über jüngere allein mit der Kraft ihrer Sicherheit und ihres Alters. Auseinandersetzungen können durch ein bestimmtes kleines Spiel geregelt werden, oder ein Älterer ignoriert die Provokation zu einer Beißerei durch einen Jüngeren völlig. Derjenige, der am besten seine Ruhe und Würde bewahrt, ist letztendlich der „Ranghöchste".

Sollen wir keine Führer sein?

Sollen wir denn nicht über unsere Hunde bestimmen? Doch, es ist selbstverständlich, daß wir bestimmen sollen, was er tun oder nicht tun soll, oder wir können sie nicht halten. Es gibt viele Dinge, die ein Hund nicht tun oder können soll, um in unsere Familie und Gesellschaft zu passen. Er darf keine Leute oder andere Tiere beißen, er darf nicht streunen, nicht an Leuten, denen man begegnet, hochspringen. Er soll hören, wenn man zu ihm sagt, daß er an der Leine ordentlich gehen soll, und er soll kommen, wenn man nach ihm ruft. Es ist notwendig, daß wir die Rolle als Führer für unsere Hunde übernehmen.

Aufgrund der unglücklichen Bedeutung, die das Wort Dominanz bekommen hat, glauben viele, daß man als Führer streng gegen seinen Hund sein soll. Aber genau das ist ein richtiger Führer eben nicht. Je mehr man an der Leine ruckt, schreit, kommandiert und auf autoritäre Art mit dem Hund herumhunzt, desto weniger ist man sein Führer. Es ist ja gerade der Unsichere, der in einer Wolfs- oder Hundemeute oft seine Aggression zeigt. Der Sichere zeigt seine Autorität selten auf diese Art.

Führerschaft wird, wie es scheint, vor allem durch Selbstsicherheit aufgebaut und am wenigsten durch Aggression. Mehr durch Vertrauen als durch Respekt.

Dem Hund die Leviten lesen

Freundliche Führung drückt sich ganz konkret dadurch aus, wie man seinem Hund „die Leviten liest". In einer weichen und freundlichen Art nämlich. Leider gibt es Menschen, die auch das mißverstanden haben. Sie packen den

Seinem Hund sollte man auf freundliche Art und Weise die Leviten lesen und ihn keinesfalls aufgeregt anschreien.

Hund am Fell, stieren ihm drohend in die Augen, schelten ihn aus und schreien aufgeregt.

Nein, so darf man es gerade nicht machen. Man nimmt seinen Kopf leicht in beide Hände, probiert Augenkontakt mit ihm aufzunehmen, ohne ihm dabei jedoch aufgeregt in die Augen zu starren, und sagt ihm auf freundliche Art, was man von seinem Verhalten denkt.

Diejenigen, die es auf die richtige Art und Weise machen, können erleben, wie gut der Hund sie versteht und gehorcht. Natürlich gibt es auch Hunde, die nicht auf das „Levitenlesen" reagieren. Etwas anderes wäre auch unnatürlich, da Hunde so verschieden sind.

Aggressionshemmende Signale
bei dominanten Tieren

Je selbstsicherer und dominanter ein Hund ist, desto weniger Aggressivität zeigt er, selbst wenn er provoziert wird. Dagegen ist ein solches vierbeiniges Individuum oft ein richtiger Sachverständiger für die Signale, die bei anderen Hunden die Aggression hemmen und dämpfen. Es ist phantastisch, zu beobachten, wie ein älterer Hund auf eine meist friedliche Art einen Junghund, der gerade versucht, eine Prügelei zu beginnen, vollständig entwaffnet.

Gähnen

Es gibt eine Theorie, die besagt, daß ein Hund gähnt, um dem Blut vermehrt Sauerstoff zuzuführen – genau wie bei den Menschen. Es soll einem das Wachbleiben erleichtern oder helfen, schneller wach zu werden, wenn man geschlafen oder geruht hat.

Es ist also eine Reflexhandlung, die eine bestimmte physiologische Ursache hat. Das Ziel ist dabei immer das gleiche. Entweder sitzt man zum Beispiel in einem Vortrag, sinkt in den Schlaf und versucht krampfhaft wach zu bleiben, oder man versucht frühmorgens wach zu werden. Das Blut benötigt also eine extra Portion Sauerstoff.

Aber bei unseren Hunden und vielleicht auch bei einigen anderen Tieren hat das Gähnen noch einen anderen Zweck. Es ist in der Lage, die Aggression eines drohenden Gegners zu dämpfen. Ein Hund, der sich durch die knurrende Warnung eines anderen Hundes bedroht fühlt, kann plötzlich gähnen. Damit zeigt er ein Verhalten, das einer Drohung, einer Provokation oder einem Angriff direkt entgegengesetzt ist. Dies ist jedoch kein Zeichen der Unterwerfung, wie andere, die sonst üblich sind, um Aggressivität zu dämpfen.

Vielleicht sind wir geneigt zu sagen, daß das Gähnen eine Demonstration von Nonchalance und totaler Gleichgültigkeit sei. Die Wirkung dieser Aufforderung ist jedoch erheblich. Eine Drohung wird nämlich dadurch effektiv gedämpft, und der gerade so übermütige Hund scheint in dieser Situation ratlos und unsicher zu werden.

Besonders häufig wird ein Hund das Gähnen gegenüber einem anderen draufgängerischen Hund anwenden, wenn dieser Unsicherheit und Angst zusammen mit Aggression zeigt. Wenn ein rangmäßig nieder plazierter Hund seine Mahlzeit bewacht oder gegenüber einem dominanteren Tier so ängstlich und unsicher ist, daß er aus diesem Grund Aggression zeigt, wird der dominantere und selbstsichere Hund oft gähnen. Dies scheint sowohl zu entwaffnen als auch zu beruhigen.

Das Gähnen wurde auch schon von Menschen ausprobiert, die von einem Hund bedroht wurden. Eine Frau hat es zum Beispiel gegenüber einem starken Bernhardiner, einem Rüden, angewandt, der sein Futter streng bewachte. Sie gab dem Hund das Futter, und dieser begann sofort intensiv zu knurren. Da sie gehört hatte, daß Gähnen erfolgreich sein könne, probierte sie es in ihrer Ratlosigkeit mit einem langgezogenen Gähnen. Daraufhin hörte der Hund mit dem Knurren sofort auf und fing auch nicht mehr damit an. Danach konnte diese Frau ausgezeichnet in der Nähe des Hundes bleiben, während dieser fraß, ohne daß er im geringsten knurrte.

Ablenkungsmanöver: Schnüffeln und Bellen

Eine andere Art, eine Provokation oder eine Drohung zu dämpfen, ist das Schnüffeln des Hundes am Boden. Er scheint sowohl taub als auch blind zu sein. Dort, wo er schnüffelt, befindet sich natürlich nichts Interessantes, dies ist nur ein Ablenkungsmanöver. Wenn ein Hund am Schnüffeln interessierter als an einem Kampf ist, kann der andere Hund nicht angreifen.

Ich habe verschiedene Hunde in schwierigen Situationen, wenn sie bedroht wurden, dabei beobachtet, daß sie ihre Aufmerksamkeit plötzlich gegen etwas weit Entferntes, was sie scheinbar gesehen oder gehört hatten, richteten. Sie gingen dann kläffend in die bestimmte Richtung. Der drohende Angreifer gab den Versuch, eine Beißerei zu beginnen, daraufhin auf.

Sich kratzen

Eine der souveränsten Arten, die Streitlust eines Gegners zu dämpfen und ihn zu beruhigen, die ich je gesehen habe, ist die Methode, sich zu kratzen anstatt eine Beißerei zu beginnen.

Ich vergesse zum Beispiel nie den achtjährigen Neufundländer, der ein typischer Führer war. Der Rüde konnte zu jeder Zeit über andere Hunde bestimmen, außer möglicherweise über Hündinnen, mit denen er sich zu paaren versuchte. Dieser Rüde lehnte Beißereien konsequent ab. Selbst wenn er bösartige Hunde traf, kam es nie zu einer Beißerei.

Durch Zufall wurde einmal ein zweijähriger Schäferhund, der keine anderen Hunde dulden wollte, losgelassen. Der Schäferhund griff den Neufundländer alsbald heftig an. Aber als er in die Nähe des Neufundländers kam, wendete der achtjährige ihm sein Hinterteil zu. Bei diesem Winkel konnte ein Angriff unmöglich durchgeführt werden, so daß der Schäferhund um ihn herumsprang, um ihn von vorne zu packen. Da setzte sich der ältere Rüde einfach still und ruhig nieder und begann sich ein wenig zerstreut zu kratzen. Es sah zwar nicht so aus, als ob ihn tatsächlich etwas jucken würde, aber er kratze sich dennoch an verschiedenen Stellen an seiner Seite. Der Ausdruck des angreifenden Rüden war unbezahlbar. Er wurde ganz steif, verwirrt und untergeben. Nach einiger Zeit spielten sie zusammen, der achtjährige mit hoher, der zweijährige mit niederer Schwanzhaltung.

Unterwerfung

Speziell junge und unsichere Hunde dämpfen Aggression, indem sie ihre Unterwerfung zeigen. Die Unterwerfungssignale sind wichtig. Sie sollen nämlich verhindern, daß starke Verletzungen entstehen. Was für einen Hintergrund haben diese Signale? Weshalb können sie so wirkungsvoll jemanden bremsen, der wütend ist? Bei näherer Betrachtung erkennt man, daß sie alle aus dem Welpenverhalten stammen.

Sich kleiner machen

Bei Unterwürfigkeit beginnt ein Hund zu kriechen, er wird kleiner. Er setzt sich vielleicht nur, oder er legt sich nieder. Er hält den Kopf nahe am Boden. Die Wirkung, die

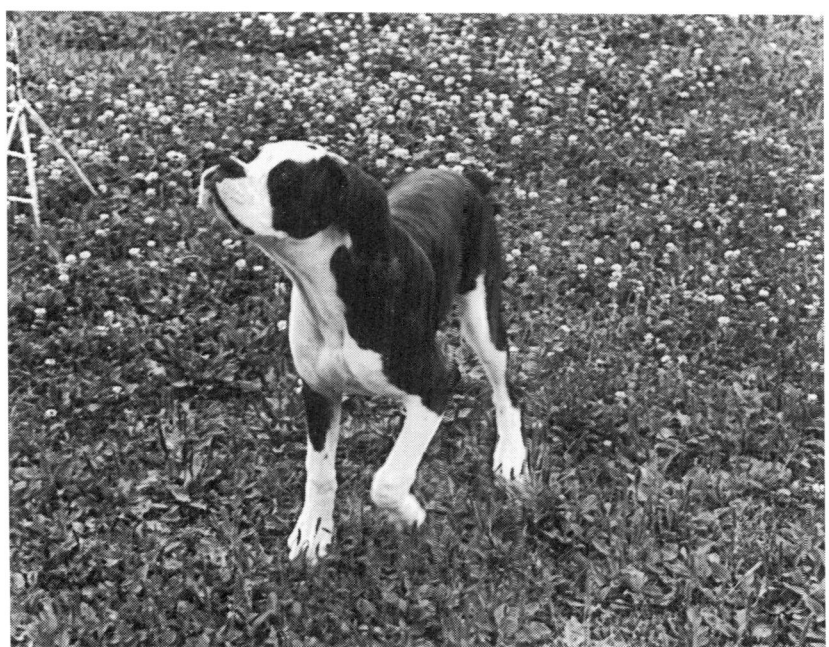

Junge und unsichere Hunde dämpfen Aggression, indem sie ihre Unterwerfung zeigen. So vermeiden sie stärkere Verletzungen.

sich durch das Verkleinern ergibt, beeinflußt die Aggressivität des Stärkeren in der Weise, als hätte er plötzlich einen Welpen vor sich.

Große Hunde gehen kleinen oft aus dem Weg. Deren Größe erinnert übermäßig an einen Welpen. Ich kann mich an eine Dänische Dogge erinnern, die sich vor einem kleinen, heftigen Yorkshire-Terrier zurückzog. Dabei war der Große normalerweise ein Schlägertyp. Es war ganz sicher die gezeigte Stärke des Terriers, von der die Angriffslust der Dänischen Dogge so stark gedämpft wurde.

Gelegentlich kann man bei großen Hunden ein folgenschweres Verhalten beobachten. Sie lassen sich nicht davon beeinflussen, daß ein kleiner Hund wie ein Welpe aussieht. Sie greifen trotzdem an. Selbst wenn es auch nicht üblich ist, kann es doch geschehen, daß kleine Hunde totgebissen werden. Wenn das vorkommt, hat der große Hund den kleinen mit hoher Wahrscheinlichkeit nicht als Hund erkannt, eher als ein fremdartiges Beutetier. Dies war für ihn Jagd und keine Beißerei, und deshalb hatte der Kleine keine Chance. Dadurch kann man auch die Unruhe, die manche Besitzer kleiner Hunde verspüren, wenn sie einem großen Hund begegnen, verstehen.

Lecken

Ein Verhalten, das seine Wurzeln direkt in der Welpenzeit hat, ist die Leckbewegung gegen die Mundwinkel des dominanteren Hundes, auf die gleiche Art, wie Hunde versuchen an unserem Mund zu lecken. Dieses Verhalten wird auch oft als sogenannte Intensionshandlung ausgeführt. Das bedeutet, daß das Handlungsmuster nicht durchgeführt wird – wir sehen nur die einleitenden Bewegungen. Der untergebene Hund leckt sich wiederholt an der Schnauze oder markiert das Lecken bloß, indem er ein paarmal ein Stück der Zunge zeigt, wenn er sich bedroht fühlt.

Winseln und Kläffen

Selbst die Laute, die beim Unterwerfungsverhalten auftreten, klingen wie Welpenlaute. Sie bestehen überwiegend aus Winseln und Kläffen. Ein stark gedrückter Hund kann sich niederlegen und auf den Boden drücken, und gleichzeitig gibt er ängstliche, schwache Laute von sich, welpenähnliche Laute, nahe einem Winseln.

Es kann geschehen, daß ein Hund die Unterwerfungssignale des unterlegenen Hundes nicht sofort respektiert. Wenn die Signale nicht die gewünschte Wirkung haben, kann der unterlegene Hund umschlagen und „wütend" werden. Er kann ausfallend werden und gegen den anderen einen Biß in die Luft markieren, gleichzeitig mit diesem Ausfall kläfft er, um seine Untertänigkeit zugleich zu markieren. Dies erklärt dem Dominanten deutlich, daß es ein Fehler war, die Unterwerfungsignale nicht zu respektieren. Diese Botschaft ist sehr deutlich und der Dominantere wird ihm gegenüber nun vorsichtiger sein.

Ein Teil der ängstlichen Hunde, die anderen Hunden nicht vertrauen, handelt nach der Devise „Angriff ist die beste Verteidigung". Wenn ein anderer Hund in die Nähe kommt, wird er ausfällig. Aber hört man genau hin, so winselt und kläfft er gleichzeitig, während er, wie eine Kreuzotter, angreift und sich mit Kopf und Körper gegen den, der sich nähert, wirft.

Das Heben der Pfote

Im Erwachsenenalter wird das Heben der Pfote als Unterwerfungsgeste gebraucht und von anderen Hunden als solche auch aufgefaßt. Es ist ein vorsichtiges Signal. Ein unterlegener Hund kann einen drohenden Hund auch liebkosen, ohne befürchten zu müssen, mißverstanden und in die Pfote gebissen zu werden. Wenn jedoch der unterlegene Hund die Pfote auf die Schulter des anderen legt und vielleicht auch gegen dessen Gesicht stößt, kann dies eine Provokation bedeuten.

Das Heben der Pfote wird als Geste der Unterwerfung verstanden.

Sich auf den Rücken legen

Wenn ein Hund sich gegenüber einem anderen Hund auf den Rücken legt, ist dies ein starkes Zeichen der Unterwerfung. Üblich ist es bei Welpen, aber auch erwachsene Hunde können sich so verhalten. Wenn der Unterlegene diese „Welpenposition" einnimmt, versteckt er auch das dunklere Fell seines Rückens. Dadurch wird der hellere Bauch entblößt, was eine aggressionsdämpfende Wirkung haben kann. Viele andere Möglichkeiten, Drohsignale zu zeigen, vor allem die Gesichtsmimik, werden auch verdeckt, wenn ein Hund auf dem Rücken liegt.

Es handelt sich um passive Unterwerfung. Hunde, die liegen, sind ganz still und passiv. Diese totale Unterwerfung hat etwas Ruhiges und Sicheres an sich. Bei der aktiven Unterwerfung hingegen ist der Untergebene angespannter und unsicherer, weil er aktiv versucht, den Dominanten zu besänftigen.

142

Der Gesichtsausdruck

In der Unterwerfungsmimik wird das Gesicht des Hundes nach hinten gezogen, und der Kopf bekommt einen runden Ausdruck, der für Welpen charakteristisch ist. Die Ohren werden nach hinten gelegt, die Haut gestrafft, die Mundwinkel gegen die Ohren zurückgezogen. Das Gesicht erinnert eher an das eines Welpen als an das eines erwachsenen Hundes.

Das „Welpenschema"

Gesichts-, Kopf- und Körperform scheinen auf Menschen und Tiere gewisse Auswirkungen zu haben. Konrad Lorenz beschrieb in den vierziger Jahren das „Baby- oder Kindchenschema". Er sprach von den unterschiedlichen Formen des Aussehens der Erwachsenen und dem Aussehen, das für Neugeborene typisch ist. Das gilt darüber hinaus für alle jungen Tagsäugetiere.

Konrad Lorenz behauptete, daß das „Kindchenschema" instinktiv Aggression dämpft und einen Pflege- und Beschützerdrang auslöst. Es sind Einzelheiten im Aussehen des Jungen, die diese Auswirkungen verursachen.

Das „Kindchenschema" wirkt grundsätzlich auch beim Menschen. Das Aussehen von Kleinkindern weckt positive Gefühle. Denken wir an eine Gruppe von Erwachsenen rund um einen Kinderwagen oder an ihre Reaktionen, wenn sie etwas sehen, das wie ein Kleinkind aussieht. Selbst junge Katzen oder Kaninchen, Lämmer, Küken, Hundewelpen und viele andere Jungtiere können die gleichen Gefühle wecken. Sie haben alle etwas gemeinsam, nämlich einen großen, run-

Das „Kindchenschema" dämpft Aggression und löst einen Pflege- und Beschützerdrang aus.

den Kopf, große, runde Augen, kleine Ohren und obendrein geben sie Laute von sich, die für Kleinkinder und Jungtiere typisch sind.

Können sich Hunde schämen?

Wenn ein Hund etwas falsch gemacht hat und man seine Unzufriedenheit hierüber zum Ausdruck bringt, sieht man oft ein Verhalten, als ob er sich schäme. Er beginnt zu kriechen, hält den Kopf nahe am Boden, dreht Ohren und Mundwinkel nach hinten und hat den Schwanz zwischen den Beinen eingeklemmt.

Aber kann ein Hund sich wirklich schämen? Das können wir nicht mit Sicherheit sagen. Und wir werden vermutlich auch niemals genau feststellen können, was im Kopf eines Hundes vor sich geht. Das weiß nur der Hund selbst.

Aus bestimmten Körper-
signalen, die ein Hund
zeigt, glauben wir zu
erkennen, daß er sich
schämt.

Was der Hund letztlich denkt und fühlt, bleibt für uns ein Geheimnis. Aus den Körpersignalen, die der Hund in dieser Situation zeigt, glauben wir zu erkennen, was er erlebt. Studieren wir die Signale genauer, die der Hund gibt, wenn wir glauben, er würde sich schämen, dann sehen wir aber in Wirklichkeit sämtliche Signale der Unterwerfung.

Ungeachtet dessen also, was ein Hund nun wirklich fühlt oder erlebt, er zeigt Unterwerfung. Das müssen wir respektieren und damit von jeder Art der Bestrafung Abstand nehmen. Außerdem lernt ein Hund nichts durch eine Strafe, die erst kommt, nachdem er etwas falsch gemacht hat.

Es ist also eine unhaltbare Meinung, daß ein Verhalten bedeutet, daß der Hund sich schäme. Es ist auch ein wenig gefährlich, wenn wir so denken und dann fortfahren.

Wenn wir annehmen, daß ein Hund sich schämen kann, nehmen wir gleichzeitig auch an, daß er weiß, was er falsch gemacht hat, daß er also an die verbotene Handlung denkt. Das führt zum nächsten Schritt, daß wir ihn nun auch bestrafen. Durch die falsche Annahme haben wir plötzlich eine Bestrafung legalisiert, die mit einer grundlegenden Regel in der Hundewelt bricht, daß Unterwerfung nämlich respektiert wird.

Kann ein Hund eifersüchtig sein?

Das gleiche gilt für den Begriff der Eifersucht. Wir werden niemals wissen, ob ein Hund Eifersucht fühlt. Ja, wir wissen nicht, was ein Hund überhaupt fühlt. Wir ziehen nur Schlußfolgerungen aus dem Verhalten des Hundes.

Wenn Herrchen und Frauchen sich umarmen, versucht ihr Hund dazwischenzugehen. Eifersucht?

Welches Verhalten beobachten wir nun, wenn wir sagen, der Hund sei eifersüchtig? So geht im allgemeinen ein Hund dazwischen, wenn Herrchen und Frauchen sich einen Kuß geben oder wenn wir einen anderen Hund begrüßen wollen. Es braucht sich hier jedoch nicht um Eifersucht zu handeln. Es kann gut daran liegen, daß der Hund ein enormes Gefühl dafür hat, was dieser nahe Körperkontakt für ihn und für andere bedeuten kann. Hunde provozieren einander oft, indem sie dicht aneinander herangehen und Körperkontakt aufnehmen. Sie reagieren daher auf dieselbe Art, wenn andere sich zu nahe kommen. Es ist, als würden sie das Provozierende an dem sehr nahen Kontakt zwischen anderen ablesen. Wenn zwei Hunde zum Beispiel nahe beieinander stehen und es herrscht Spannung zwischen ihnen, kann man beobachten, wie andere Hunde, die in der Nähe sind, auf diese gespannte Atmosphäre reagieren. Wenn also Herrchen und Frauchen einander umarmen, reagieren manche Hunde darauf, indem sie dazwischengehen, als wollten sie die Entstehung einer Beißerei verhindern.

Das gleiche geschieht, wenn man einen fremden Hund begrüßt. Der eigene kann sich dazwischenstellen oder auf andere Art zeigen, daß er darauf reagiert, wenn der andere so nahe kommt. Wahrscheinlich ist es nichts anderes als das, aber wir übersetzen es als Eifersucht. Eine schlechte Erklärung, da sie sich so negativ anhört. Es wird von uns nicht akzeptiert, wenn ein Hund scheinbar eifersüchtig ist. Wird ein Hund mit diesem Vorurteil belegt, eifersüchtig zu sein, kann dies manchmal zu bösen Folgen führen.

Ein vierjähriger Schäferhund verlor beinahe sein Leben, weil man behauptete, er sei eifersüchtig auf das dreijährige Kind der Familie. Eine nähere Untersuchung seines Verhaltens zeigte, daß das Kind sich sehr provozierend gegenüber dem Hund verhalten und ihn oft gequält hatte. Das Verhält-

nis zwischen Kind und Hund war deshalb einfach nicht das
beste. Wenn das Kind zur Mutter lief, weil es umarmt werden
wollte, ging der Hund dazwischen. Vielleicht war er beunru-
higt durch die ernsthafte Drohung, die nach seiner Meinung
in diesem Verhalten lag und vor der er sein Frauchen beschützen wollte, indem er dazwischenging, dabei jedoch weder
knurrte noch auf eine andere Art Unfreundlichkeit aus-
drückte. Er ging nur dazwischen. Zuerst wurde der Hund als
eifersüchtig angesehen. Viele warnten die Familie, daß der
eifersüchtige Hund auf das Kind losgehen würde, und sie
entwarfen ein Schreckensbild nach dem anderen. „Tötet den
Hund!" sagten die meisten. Aber wir konnten dieses Verhalten auf eine andere Art analysieren und erklären und dadurch
die Situation entschärfen. Zuerst begannen wir damit, das
Kind zu trainieren, gegenüber dem Hund etwas vorsichtiger
zu sein.

Menschenscheue Hunde sind selten
wirklich scheu

Manche Menschen schauen auf ängstliche Hunde herab,
nennen es „psychische Schwäche" oder sagen, daß sie eine
„schlechte Veranlagung" hätten. Einen Hund als problema-
tisch anzusehen, speziell, wenn er gegenüber Menschen
zurückhaltend oder ängstlich ist, ist unwissenschaftlich und
unhaltbar. Ein Hund, der vor Fremden Furcht zeigt, ist selten
ängstlich in dieser Bedeutung. Er ist „signalempfindlich". Er
mißversteht die menschliche Körpersprache.

In den Augen der Hunde können nämlich unsere menschlichen Körpersignale etwas ganz anderes bedeuten, als wir ausdrücken wollen. Ein freundlicher Mensch kann auf sie drohend wirken.

In den Augen der Hunde können Drohsignale so etwas sein wie verlängerter Augenkontakt, entblößte Zähne des Oberkiefers, das Verlegen des Körpergewichts nach vorne, das direkte Entgegengehen und das Herabbeugen.

Genau so führen sich die meisten Personen auf, die gegenüber einem ängstlichen Hund freundlich wirken wollen. Sie schauen dem Hund in die Augen und lächeln (= Zähne zeigen). Sie gehen mit vornübergebeugtem Oberkörper direkt auf ihn zu. Sie kommen nahe heran, um ihn mit der Hand von oben zu klopfen. Man braucht sich nicht zu wundern, wenn der Hund zurückweicht. All das sind Drohsignale für den zurückhaltenden Hund.

Kontaktaufnahme mit einem ängstlichen Hund

Es ist nicht schwer, mit einem menschenscheuen Hund Kontakt aufzunehmen, wenn man ein wenig die Hundesprache kennt und weiß, wieviel Aufmerksamkeit den Körpersignalen gewidmet wird, wie höflich das Begrüßungsritual ist und wie genau bei einer Begegnung auf Respekt und Höflichkeit geachtet wird.

Wenn Sie einen Hund sehen, der vor Ihnen Angst hat, und Sie wollen mit ihm Kontakt aufnehmen, dann sehen Sie sofort in eine andere Richtung. Denn er wird Sie genau studieren, um Ihre Absichten zu erkennen. Wenden Sie ihm die Seite zu. Wenn Sie sich bewegen, gehen Sie entspannt und nicht zu schnell und nicht direkt gegen ihn. Er wird auf die Richtung sehr aufpassen und sich sofort bedroht fühlen, wenn er bemerkt, daß Sie sich direkt gegen ihn wenden. Gehen Sie um ihn herum. Wenn Sie in seine Nähe gekommen sind, wenden Sie ihm die Seite zu und setzen Sie sich nieder. Tun Sie so, als würden Sie sich für etwas auf dem Boden interessieren, und tasten Sie ein bißchen herum. Schauen Sie nicht auf den Hund, selbst, wenn es einige Zeit dauert. Das beste ist, wenn Sie einen Leckerbissen mit der Hand etwas vom Körper entfernt in Richtung des Hundes halten. Sie können auch leise und ruhig sprechen. Dies scheint den Hund nicht zu erschrecken, sondern ihm ein Gefühl der Sicherheit zu vermitteln. Etwas später spüren Sie die kalte Schnauze, die an Ihrer Hand schnüffelt, und vielleicht auch die warme Zunge, die vorsichtig den Leckerbissen nimmt.

Versuchen Sie nie, den Hund zu klopfen. Das könnte alles zerstören. Wenn er Sie soweit akzeptiert, daß Sie ihn berühren können, wird er Ihnen dies selbst zeigen. Dies dauert im allgemeinen nicht allzu lange.

Woran erkennt ein Hund, ob ein Mensch vor ihm Angst hat?

Sie haben vielleicht schon oft gehört, daß ein Hund mit Hilfe des Geruchssinnes entscheide, ob ein Mensch ängstlich ist. Der Geruch der vermehrt produzierten Streßhormone, unter anderem Adrenalin, soll vom Hund registriert werden können.

Es ist jedoch nicht wahrscheinlich, daß dies der Fall ist, da es sich um so kleine Mengen dieser Stoffe handelt. Außerdem wird Adrenalin in größerer Menge nicht durch die Haut ausgeschieden. Das meiste wird von der Niere in den Urin filtriert.

Hunde müßten dann auch auf Leute reagieren, die sich gerade angestrengt haben, zum Beispiel, weil sie soeben gelaufen und deshalb kurzatmig sind. Auch in dieser Situation verstärkt sich die Produktion unter anderem von Adrenalin.

Es wurde eine kleine Untersuchung durchgeführt, um herauszufinden, wie ein Hund es registriert, ob eine Person Angst hat oder auf andere Art aufgeregt ist. Einige Teilnehmer eines Psychologiekurses in den sechziger Jahren nahmen an der Untersuchung teil. Die Durchführung war wissenschaftlich nicht ganz korrekt, aber das Resultat war so eindeutig, daß es trotzdem interessant war.

Mehrere Hunde sollten mehrere Personen begrüßen. Unter den Personen waren zwei, die vor Hunden Angst hatten, und zwei, die so tun sollten, als ob sie Angst hätten. Einige waren neutral und eine Person bekam das Präparat Ephedrin, das im Körper die gleiche Wirkung wie Adrenalin hat. Diese Versuchsperson, die keine Angst vor Hunden hatte, bekam starke Streßsymptome wie Herzklopfen, Schweißausbruch und das Gefühl starker Erregung.

Sechs Hunde wurden mit diesen Versuchspersonen konfrontiert. Es wurde beobachtet, ob die Hunde auf den Geruch oder auf das Verhalten der Versuchspersonen reagierten. Nacheinander trafen die Hunde auf die Personen und schnupperten an ihnen. Einige der Hunde waren gegenüber Fremden zurückhaltend und hätten also deutliche Reaktionen zeigen müssen.

Das Ergebnis war, daß keiner der Hunde auf die Person reagierte, die das Ephedrin-Präparat bekommen hatte. Keiner der Hunde reagierte auch auf die eine der zwei Personen, die vor Hunden Angst hatten. Auf die andere der beiden reagierten einige der Hunde jedoch schwach. Die Beobachter waren sich einig, daß die Ursache hierfür war, daß diese Versuchsperson ihre Körpersignale, die das Mißtrauen gegenüber Hunden verdeutlichten, nicht verstecken konnte. Keiner der Hunde reagierte auf die neutralen Personen, also auf diejenigen, die nur anwesend waren und auch keine Angst vorspiegelten. Dagegen reagierten einige der Hunde auf die zwei, die Angst vortäuschten. Diese sonderten keinen Geruch von Streßhormonen ab, der über dem normalen Niveau lag, aber sie zeigten mit ihrem Verhalten, daß sie Angst hatten. Man konnte auch beobachten, daß diese zwei Personen von den Hunden sorgfältiger studiert wurden als die übrigen.

Wir kommen also zu dem Schluß, daß Hunde nicht darauf reagieren, wenn eine Person nach Angst riecht, sondern daß sie ausschließlich deren Auftreten untersuchen. Das wurde von einer langen Reihe von Untersuchungen, die ich im Laufe der Jahre gemacht habe, bestätigt. Auch die Tatsache, daß Menschen konstant mehr oder weniger große Mengen Streßhormone ausscheiden, unterstützt diese Theorie. Das gilt für alle Formen der Anstrengung und Erregung, nicht nur bei Furcht. Damit der Hund die richtige Information über eine Person erhält, entschlüsselt er deren Körpersignale, die ihm Auskunft darüber geben, wie eine Person reagiert.

Begrüßungstraining für signalempfindliche Hunde

Es sind also die Körpersignale des Menschen, mit deren Hilfe der Hund entscheidet, wie er sich verhalten soll, und ob es einen Grund gibt, Angst zu haben. Aber hier gibt es auch Grund zur Hoffnung, wie Mißverständnisse vermieden werden können. Zuerst für die Hunde, die vor Menschen Angst haben. Man kann ja nicht sagen, daß sie „geisteskrank" seien, und eigentlich auch nicht, daß sie Angst haben. Sie lehnen es ja nicht ab, an einem Menschen zu riechen. Nein, die richtige

Signalempfindliche Hunde kann man trainieren, um ihr Vertrauen zu stärken.

Bezeichnung ist „signalempfindlich". Sie reagieren einfach auf das, was sie in der menschlichen Körpersprache als Drohsignale auffassen, und sie ziehen sich zurück, wenn sie diese Signale ordentlich lesen.

Viele sogenannte menschenscheue Hunde bräuchten überhaupt nicht ängstlich zu sein, wenn alle Menschen wüßten, wie man gegenüber einem solchen Hund auftritt. Faktisch sollte es so sein, daß der Fremde sich zurückzieht und den reservierten Hund in Frieden läßt, bis dieser selbst kommt und ihn begrüßt.

Der signalempfindliche Hund ist leicht zu trainieren, um vertrauensvoll zu werden. Man lehrt ihn das Wort „Gruß" in

153

Verbindung mit einer Person, die ihm einen Leckerbissen gibt. Diese Person übergibt dem Hund den Leckerbissen, sobald er zu ihr kommt, vor allem am Anfang des Trainings.

Die Übung wird schrittweise über fünf Stufen gesteigert, bei der die Körpersprache des Figuranten von der als überhaupt nicht bedrohlich empfundenen bis zur normalen Begrüßungssituation reicht. Begonnen wird mit dem hockenden Figuranten, der seine Seite dem Hund zuwendet. In dieser Stellung sind die meisten der scheuen Hunde nicht ängstlich. Die Person hält einen Leckerbissen in der Hand, die sie gegen den Hund ausstreckt. Danach sitzt der Figurant dem Hund frontal gegenüber, später richtet er sich auf. Beim letzten Schritt kommt der Figurant auf den Hund zu. Bei dieser Gelegenheit wird das Wort „Gruß" so oft als möglich wiederholt. Man beginnt damit etwa acht bis zehn Meter vor dem Figuranten. Natürlich soll der Besitzer sehr viel loben, wenn der Hund hingeht und den Leckerbissen nimmt.

Stufe 1: Der Figurant setzt sich mit abgewendetem Kopf nieder. Der Hund wird angelockt, der Besitzer wiederholt unterwegs das Wort „Gruß".

Stufe 2: Der Figurant sitzt und hat den Kopf dem Hund zugewendet, jedoch ohne Augenkontakt.

Stufe 3: Der Figurant steht mit der Seite zum Hund.

Stufe 4: Der Figurant steht und wendet sich mit einem kurzen Augenkontakt gegen den Hund.

155

Stufe 5: Der Figurant geht zum Hund, aber nicht direkt auf ihn zu, es scheint so, als würde er vorbeigehen.

Streß und Krankheit beeinträchtigen die Hundesprache

Es gibt Hunde, die Schwierigkeiten haben beim Umgang mit Menschen oder auch mit anderen Hunden. Nervöse, aggressive, problematische Hunde, die mit ihrem Leben nicht fertig werden und nicht den richtigen Platz in ihrem Dasein finden. Ihre „Sprache" funktioniert schlecht. Sie „sagen" das Falsche und „lesen" die Signale der anderen falsch ab. Vielfach respektieren sie nicht die Unterwerfungssignale anderer Hunde oder mißverstehen deren aggressionsdämpfende Signale. Sie sind die Neurotiker der Hundewelt.

Man kann sich selbst fragen, weshalb bestimmte Hunde so werden. Es sind selten angeborene Fehler, obwohl wir Men-

156

schen dies oft glauben. Wir haben für das falsche Verhalten der Hunde auch eine Menge Erklärungen parat: Instinktverlust, schlechte Nerven, schwache psychische Konstitution, schlechte Veranlagung und viele andere, ähnlich unfreundliche Bezeichnungen, die normalerweise das Todesurteil für den Hund bedeuten. Ist der Hund erst weg, kann niemand mehr beweisen, daß Hilfe möglich gewesen wäre.

Die gewöhnlichsten Gründe dafür, daß die Hundesprache, sowohl das Abgeben als auch das Empfangen korrekter Botschaften, schlecht funktioniert, sind Streß und Krankheit.

Ein Hund, der im Streß lebt, hat – genau wie wir Menschen – Schwierigkeiten im seinem Verhältnis zu den anderen. Deshalb ist es so wichtig, für einen solchen Hund Hilfe zu suchen. Jedoch keine Hilfe, die sich gegen die Symptome richtet, sondern eine, die sich gegen die Ursachen richtet. Es ist also nicht so sehr die Frage, wie man den Hund behandeln soll. Man muß anhand der Symptome die Ursachen erkennen. Es ist notwendig, herauszufinden, welche Faktoren im Leben des Hundes dieses Verhalten bewirken.

Auch Krankheiten können die Ursache dafür sein, daß ein Hund merkwürdig reagiert: Ein plagendes, irritierendes Jukken, eine schmerzende Hüfte, Kopfschmerzen, die von einer Verrenkung des Rückens stammen, ein geplatztes Trommelfell, Magenschmerzen. Ja, die Liste ist unheimlich lang. Hat der Hund Schmerzen oder ist irritiert von einem Vorgang in seinem Körper, funktioniert auch sein Sozialverhalten schlecht, genau wie beim Menschen. Bei den meisten Problemhunden sind die Aussichten der Heilung jedoch ganz gut – bei richtiger Analyse und richtigem Training.

Literatur

Brunner, Ferdinand: Der unverstandene Hund. Verlag J. Neumann-Neudamm, Melsungen, 1974.

Crisler, Lois: Meine Wölfin – Freundschaft mit einem wilden Tier. F. A. Brockhaus, Wiesbaden, 1970.

Crisler, Lois: Wir heulten mit den Wölfen. F. A. Brockhaus, Wiesbaden, 1972.

Dröscher, Vitus B.: Überlebensformel – Wie die Tiere Umweltgefahren meistern. Rasch & Röhring Verlag, Hamburg, 1983.

Lorenz, Konrad: So kam der Mensch auf den Hund. Piper, R., München, 1986.

Lorenz, Konrad: Er redete mit dem Vieh, den Vögeln und den Fischen. Piper, R., München, 1988.

Trumler, Eberhard: Mit dem Hund auf du. Piper, R., München, 1972.

Trumler, Eberhard: Hunde ernst genommen. Piper, R., München, 1974.

Zimen, Erik: Der Wolf – Mythos und Verhalten. Meyster Verlag GmbH, München, 1978.